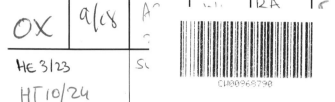
To renew this book, phone 0845 1202811 or visit
our website at www.libcat.oxfordshire.gov.uk
(for both options you will need your library PIN
number available from your library),
or contact any Oxfordshire library

TOUT
VA
MAL

...

Je vais bien !

Paru au Livre de Poche :

Merci et bravo !

Ne me dites plus jamais bon courage !

PHILIPPE BLOCH

TOUT VA MAL

...

Je vais bien !

Comment vivre heureux
dans un monde de merde

VENTANA ÉDITIONS

Couverture/Illustrations : David Petraz.
Maquette : Studio LGF.

© Ventana Éditions, 2015.
ISBN : 978-2-253-18808-7 – 1re publication LGF

À Marie-Christine Ferreira
Et John Peter

Sommaire

« Évidemment que tout va toujours mal,

Mais cela a toujours été ainsi et

Je veux bien faire partie du club

SOYEZ HEUREUX

nous n'y pouvons pas grand-chose.

des optimistes qui disent :

QUAND ÇA VA MAL. »

Jean d'Ormesson

INTRODUCTION

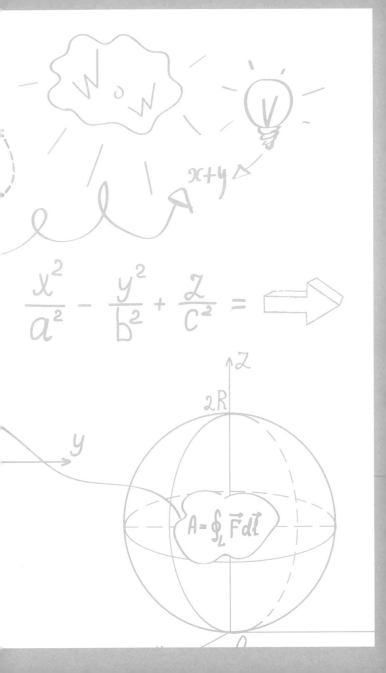

Résumé

- Tout va mal. Partout. Tout le temps.

- La France n'est pas amoureuse de son présent. Elle est angoissée par son avenir et se réfugie dans son passé.

- Nous avons peu à peu perdu nos défenses immunitaires, en même temps que le goût de nous battre.

- Rien, ni personne, ne justifie le refus de croire en notre bonne étoile.

- Les gagnants n'abandonnent jamais.

- Ceux qui abandonnent ne gagnent jamais.

- Qu'importe l'issue, seul le combat est noble.

- Optimisme et pessimisme peuvent être également contagieux.

- J'ai envie que la France redevienne la France.

- Nous sommes d'abord et avant tout ce que nous faisons.

Introduction

Bienvenue dans un « monde de merde » !

La cause est entendue et le diagnostic implacable. Tout va mal. Partout. Tout le temps. Le soleil ne se lève plus jamais, ni dans nos vies ni dans nos cœurs. Et moins encore dans nos têtes. La France est foutue. Rien ne marche. Nos gouvernants sont nuls ou corrompus, parfois les deux. On va dans le mur. Le pays navigue à vue, plus que jamais divisé entre ceux qui entreprennent leur vie et ceux qui la subissent. Cette fichue courbe du chômage censée s'inverser le mois prochain nous nargue année après année autant qu'elle nous déprime. Les talents s'exilent, tandis que des bataillons d'immigrants seraient à nos portes, prêts à voler le pain des « vrais » Français tétanisés par la peur du déclassement. Nos retraites, pour lesquelles nous avons cotisé tout au long de nos vies, nous permettront à peine d'acheter l'équivalent d'un rôti de veau une fois par mois dans le meilleur des cas. De nombreux auteurs talentueux cartonnent régulièrement en librairie et dans nos campagnes, prenant plaisir à alimenter des polémiques inutiles et ravageuses. Les partis populistes attirent chaque jour davantage d'électeurs ne croyant plus en rien, si ce n'est au plaisir de punir ceux qui les ont si souvent trahis et ne se soucient que de leur seule réélection. Désincarnée, sans ambition fédérale et plus divisée que jamais, l'Europe est incapable de nous proposer un rêve continental. La Chine affûte ses armes pour devenir la première puissance économique mondiale, et profite de la faiblesse de l'euro pour faire ses emplettes parmi nos bijoux de famille. Daech, Boko Haram et autres Al-Qaïda recrutent à tour de bras de jeunes Français en panne d'avenir, et font planer l'ombre du terrorisme sur chacun de nos déplacements quotidiens. Il fera bientôt 25 °C en hiver et 45 °C l'été, provoquant des catastrophes climatiques en série à travers la planète, et le leader du monde libre n'en a cure.

Une encyclopédie ne suffirait pas à lister tous les maux – réels ou perçus – qui semblent accabler le plus beau pays du monde ! Mon pays. Celui où je suis né et que j'aime tendrement, même quand il m'exaspère. Celui de la liberté, de l'égalité et de la fraternité. Cet ancien phare du monde, qui a tendance à s'éteindre et finira par ne plus éclairer personne s'il continue à avoir peur de tout et à douter de lui comme il le fait depuis tant d'années. Car reconnaissons-le. La France n'est pas amoureuse de son présent. Elle est angoissée par son avenir et se réfugie dans son passé.

Faut-il pour autant baisser les bras, et ne plus avoir confiance en rien ni en personne ? Beaucoup semblent le penser, et c'est bien là le principal danger qui nous guette. Surprotégés, et vivant confortablement depuis 2005 à l'abri du dramatique principe de précaution, nous avons peu à peu perdu nos défenses immunitaires en même temps que le goût de nous battre dans un monde qui n'a jamais vécu simultanément autant de ruptures majeures non choisies, mais s'imposant toutes à nous en même temps : mondialisation, révolution numérique, Big Data, objets connectés, intelligence artificielle, robotisation, réseaux sociaux, printemps arabe, montée en puissance du continent africain, crise des subprimes, pollution, effet de serre, diminution programmée des ressources finies, terrorisme, « uberisation » de l'économie, etc.

Soit autant de réalités (prometteuses ou inquiétantes) qu'il serait suicidaire d'ignorer, mais face auxquelles beaucoup démissionnent, au prétexte que chacun de nous ne pèserait pas bien lourd individuellement. Raisonner ainsi ne mène pourtant à rien, car seule la multiplication à l'infini de nos actions personnelles, mêmes minimes, peut modifier le cours des choses. Combien de fois nous sommes-nous dit, un jour pluvieux d'élection, qu'une voix de plus ou de moins ne changerait rien à son résultat, et avons-nous finalement préféré rester blottis sous notre couette ? Au risque toujours réel, rappelons-le au sortir d'élections mouvementées, de confier les clés du camion aux extrêmes de tous bords à chaque scrutin…

Rien, ni personne, ne justifie selon moi le refus de croire en notre bonne étoile, d'abandonner un projet qui nous tient à cœur ou de renoncer à nos valeurs. Qu'importe l'issue, seul le combat est noble. Venu passer quelques jours à New York pour y respirer l'air d'un pays ayant retrouvé le chemin de la croissance après avoir traversé en 2008 l'une des plus graves crises économiques de l'histoire moderne, je ne peux m'empêcher de repenser aux deux épisodes de ma vie qui ont le plus influencé ma façon de la conduire. Dans cette ville de tous les excès qui a mille fois démontré son extraordinaire résilience et son incroyable énergie, ces souvenirs ont pris pour moi un relief particulier à l'heure où j'ai commencé l'écriture de ce livre. Ici plus qu'ailleurs, chacun sait combien les difficultés comptent moins que la capacité à se battre et la volonté de s'en sortir, le plus souvent sans l'aide de personne.

Le premier épisode me ramène une fois de plus à Manhattan, en plein hiver glacial de 1982. Fraîchement diplômé de l'ESSEC, je viens tout juste d'y débarquer pour effectuer ma coopération au poste d'Expansion économique de l'ambassade de France. Dix-huit mois pour découvrir une autre façon de vivre, de penser, de travailler. Chaque jour y est pour moi un nouvel enseignement. Pour le meilleur ou pour le pire. C'est ainsi que sans avoir vu le coup venir, je me retrouve assis comme un couillon sur une malle métallique vert bouteille contenant toutes mes affaires personnelles, posée à même le sol sur le trottoir gelé du 246 West End Avenue. Viré comme un malpropre de l'appartement 7F, avec la bénédiction de la police ! Sans domicile fixe, pour la première – et jusqu'à présent unique – fois de ma vie. Il est vingt-trois heures, et la température ne dépasse pas zéro degré. Le vent est insupportable. La neige commence à tomber. De plus en plus fort. Je grelotte et n'ai aucune idée de l'endroit où aller passer la nuit. Quel con j'ai été de ne pas signer de bail – même précaire – et de confier l'intégralité de mes maigres économies d'étudiant en guise de dépôt de garantie à cette vieille dame et sa

mère, qui avaient pourtant l'air bien innocent !
Mais n'est-il pas nécessaire de prendre quelques
risques pour se loger dans une ville comme New
York, quand on n'a pas le premier dollar et
qu'on n'y a aucune relation ? En acceptant de
sous-louer leur appartement pour un an, jamais
je n'aurais pensé qu'elles profiteraient de ma
présence au bureau un vendredi après-midi de
décembre pour changer les serrures en douce,
réintégrer leur domicile et dénoncer aux offi-
ciers de la célèbre NYPD le « squatter » français
qui y vivait « illégalement » depuis quelques
semaines.

Puisqu'il y a prescription, j'avoue aujourd'hui
ne pas avoir su retenir quelques larmes cette
nuit-là. Pas forcément très digne, je le reconnais volontiers. Mais j'assume cette révélation,
compte tenu de mon inexpérience à l'époque
et du froid glacial qui m'empêchait de me
comporter spontanément en héros d'un soir.
Quelques larmes, certes, mais presque immédiatement remplacées par un fou-rire et une
promesse faite à moi-même. Celle de montrer
à cette ville qui m'avait accueilli de la pire façon
qui soit qu'elle ne viendrait jamais à bout ni de
ma volonté, ni de mon énergie, ni de mes rêves.
Une promesse tenue dix ans plus tard, avec un
certain panache. *Winners never quit. Quitters
never win*. Les gagnants n'abandonnent jamais.

Ceux qui abandonnent ne gagnent jamais. L'une de mes citations préférées.

Le second épisode est sans nul doute le plus douloureux et le plus violent de ma vie professionnelle. Nous sommes le 24 juin 2004. En cet après-midi estival (les galères arrivent aussi l'été), ma vie s'apprête à basculer brutalement en mode tsunami. Cette fois non plus, je n'ai pas vu le coup venir. Confortablement installé dans un salon de l'hôtel Sofitel de la rue Boissy-d'Anglas loué pour l'occasion, je propose à mon associé et aux actionnaires que nous avons fait rentrer dans notre société pour la développer de démarrer notre assemblée générale de clôture des comptes. Tous les documents sont prêts, et j'ai hâte de leur révéler pendant le conseil d'administration qui va suivre tout ce que j'ai préparé pour accélérer la croissance de cette belle entreprise que j'aime, créée dix ans plus tôt. L'AG touche à sa fin. *So far, so good.* Quand soudain, le couperet tombe. D'une seule et même voix, ceux en qui j'avais placé ma confiance, mon avenir et ma fidélité proposent et votent à l'unanimité ma révocation immédiate pour manque de résultats.

Inutile de retourner au bureau pour y récupérer mes affaires et mes dossiers, les serrures ont été changées pendant notre réunion ! Wall Street-sur-Seine... Je viens de vivre un hold-up légal. La terre s'effondre sous mes pieds. Un séisme. Dix ans de travail acharné, de combats, de rêves brisés puis reconquis viennent de partir en fumée. Je suis anéanti.

Près de quinze ans plus tard, je me revois encore garant mon scooter à quelques mètres de la maison, pour réfléchir discrètement à la façon dont j'allais annoncer à mon épouse Robin que tous les efforts que je lui avais imposés pendant dix ans n'allaient finalement servir à rien. Mais je me revois surtout récitant les premières lignes de l'un des plus beaux textes jamais écrits, que ma mère avait eu l'intelligence d'encadrer et de poser au-dessus de mon bureau quand j'étais gamin : « Tu seras un homme, mon fils », de Rudyard Kipling. Intuition géniale d'une maman qui ignore encore aujourd'hui combien ces mots ont marqué l'enfance de son fils. Combien de fois ai-je en effet lu ces phrases en levant la tête pour tenter d'échapper le soir à mes devoirs d'écolier ?

Pour tous ceux d'entre vous qui n'auraient pas la chance de connaître ce magnifique poème – ou ceux qui l'auraient oublié –, permettez-moi de le reproduire ici intégralement, tant chaque ligne est un trésor.

« Si tu peux voir détruit l'ouvrage de ta vie,
Et sans dire un seul mot te mettre à rebâtir,

Ou perdre en un seul coup le gain de cent
    parties
Sans esquisser le moindre geste et sans soupir,
Si tu peux être amant sans être fou d'amour,
Si tu peux être fort sans cesser d'être tendre,
Et, te sentant haï, sans haïr à ton tour,
    Pourtant te mettre à lutter et à te défendre ;
Si tu peux supporter d'entendre tes paroles
Travesties par des gueux pour exciter des sots,
Et d'entendre mentir sur toi leurs bouches
    folles,
Sans pour autant mentir toi-même d'un seul
    mot ;
Si tu peux rester digne en étant populaire,
Si tu peux rester peuple en conseillant les rois
Et si tu peux aimer tous tes amis en frères,
    Sans qu'aucun parmi eux ne devienne tout
    pour toi ;
Si tu sais méditer, observer et connaître,
Sans jamais devenir sceptique ou destructeur,
Rêver, mais sans laisser ton rêve être ton maître,
Réfléchir et penser, sans n'être qu'un penseur,
Si tu peux être dur sans jamais être en rage,
Si tu peux être brave et jamais imprudent,
Si tu peux être bon, si tu sais être sage,
Mais sans être jamais ni moral ni pédant,
Si tu peux rencontrer triomphe après défaite
Et recevoir ces deux menteurs d'un même front
Si tu peux conserver ton courage et ta tête

Au moment même où tous les autres les perdront,
Alors les Rois, les Dieux, la Chance et la Victoire
Seront à tout jamais tes esclaves soumis…
Et, ce qui vaut bien mieux que les Rois et la Gloire,
Tu seras un homme, mon fils. »

Qui dit mieux ? Écrit en 1895, ce texte n'a pas pris une ride et m'a toujours accompagné dans chacun de mes déménagements. Vous n'êtes pas obligés de me croire, mais je n'ai guère mis plus de quinze jours pour « me mettre à rebâtir » après m'être fait débarquer et avoir « perdu l'ouvrage » patiemment construit pierre après pierre. « Sans esquisser le moindre geste et sans soupir. » Et sans percevoir un euro d'assurance chômage, privilège des dirigeants mandataires sociaux dans notre « paradis » pour entrepreneurs. Mieux encore, je n'ai jamais été aussi heureux professionnellement que depuis ce jour, redevenu libre et convaincu que la seule revanche décente n'est jamais sur les autres (même si la tentation existe et peut être forte, je l'avoue volontiers), mais toujours sur soi-même. Pour le reste, mieux vaut laisser la vie s'occuper de ceux qui le méritent que de se transformer en justicier. On ne gagne rien à devenir un pervers narcissique et à faire souffrir les autres au prétexte qu'ils vous ont meurtri.

Bizarrement, aucun de ces deux événements n'a jamais réussi à entamer ma propension naturelle à faire confiance aux autres, préférant apprendre de mes échecs que de mes succès.

Fin 2013, je publiais « Ne me dites plus jamais bon courage ! », avec l'espoir de sensibiliser les Français à l'usage immodéré qu'ils font d'expressions aussi déprimantes que « Le problème, c'est que… », « Pourvu qu'il ne m'arrive rien », « Vivement la retraite ! », « Ça ne marchera jamais… », « C'était mieux avant », « On a toujours fait comme ça », etc. Sans parler du rabat-joie « Ce sera tout ? » pratiqué chaque jour par les boulangères françaises, ou du funeste adjectif « petit », que nous déclinons à l'infini et qui brise nos rêves en bridant nos ambitions. Sous-titré « Lexique anti-déprime à usage immédiat des Français », j'ai la faiblesse de penser que le livre a « fait le job » auprès de ses lecteurs, tant j'ai reçu de témoignages convergents depuis sa sortie.

Tous reconnaissaient le pouvoir potentiellement mortel des mots sur notre mental. Beaucoup me confirmaient faire désormais la chasse à certaines habitudes linguistiques, d'abord par jeu, puis par conviction, conscients qu'optimisme et pessimisme peuvent être également contagieux. Telle cette mère de famille qui avait décidé de dire « amuse-toi bien » chaque matin à sa fille devant l'école, jusqu'au jour où la maîtresse lui répliqua sèchement : « Mais enfin madame, on va travailler, nous ne sommes pas là pour nous amuser ! » Terrible état d'esprit de certains enseignants français, qui omettent l'indispensable dimension plaisir et amour d'un apprentissage réussi… et la force de la « contagion émotionnelle » à laquelle nous contribuons tous.

Ne possédant aucun bagage scientifique ni aucune culture particulière en matière de psychologie, j'ignorais totalement ce concept quand j'ai entrepris l'écriture de ce livre devenu rapidement un *best-seller*. Comme souvent, seule mon intuition m'avait guidé dans la rédaction de ce qui s'apparentait plus à un coup de gueule qu'à une quelconque démonstration rigoureuse. Quelques mois plus tard, je découvrais avec intérêt que Facebook avait entrepris de démontrer l'existence et la puissance de cette fameuse « contagion émotionnelle » avec le soutien d'universitaires renommés de Californie et de Cornell. Bien que critiquable au plan éthique, l'expérience menée pendant une semaine de janvier 2012 consistant à « manipuler » les messages de 700 000 membres du réseau social sans les en informer ne fut révélée à la presse qu'en juillet 2014. Objectif : déterminer comment les émotions auxquelles les utilisateurs du site sont confrontés influent sur leur état d'esprit. Méthode : modifier leurs flux d'actualité en bougeant le curseur du nombre de messages positifs et négatifs, et observer les réactions sur l'humeur des cobayes… Concrètement, certains utilisateurs étaient exposés à des messages plutôt positifs, d'autres à des statuts plutôt négatifs et un dernier groupe à des informations neutres. Le résultat fut sans appel. « Les états émotionnels sont communicatifs et peuvent se transmettre par un phénomène de contagion, conduisant les autres personnes à ressentir les mêmes émotions sans en être conscientes », révèlent les auteurs de l'étude. Nul besoin d'interactions en chair et en os, la lecture d'expériences agréables de mes « amis » constitue en soi une expérience rassurante. En clair, lire des statuts « heureux » nous met de bonne humeur, tandis que savoir nos contacts déprimés nous attriste. Le fabuleux pouvoir des mots est ainsi une nouvelle fois démontré.

J'aurais donc pu choisir d'écrire une suite au « petit livre orange qui donne la pêche », comme l'ont surnommé beaucoup de ses lecteurs, et dénoncer de nouvelles phrases glanées au fil de mes conférences, de mes voyages et

de mes rencontres. Telle cette expression hallu-
cinante, dont je ne me suis toujours pas remis.
Dans certaines entreprises, des équipes célé-
breraient ainsi la « bascule », chaque mercredi
à midi pile. On a fait le plus dur, c'est bientôt
la fin de la semaine, bon courage à tous ! Les
dirigeants de telles sociétés réalisent-ils ce que
trahissent pareilles habitudes de leurs collaborateurs ? Comprennent-ils que leurs jours
sont comptés dans une économie où rien n'est
possible sans un minimum d'adhésion, d'envie
et de motivation de leurs salariés ? Que dire
aussi du terrible constat d'échec consistant à
affirmer que « l'on a déjà tout essayé » ? Dès
1993, François Mitterrand le proclamait haut et
fort en évoquant son désastreux combat perdu
contre le chômage… Un rappel historique qui
en dit long sur notre incapacité chronique à
penser autrement et à embrasser la rupture.
Passons rapidement sur le redoutable « oui,
mais… », qui nous vient si naturellement dès
que l'on nous présente une approche inédite
ou une solution audacieuse. Ou sur le terrifiant
« je fais aller… », en réponse au rituel « comment ça va ? » du matin…

La joie de vivre peut soulever des montagnes,
et son absence repeindre nos vies en gris. Il
est toujours de bon ton en France de moquer
l'enthousiasme américain, qui se traduit au

quotidien par des expressions qui ont le don de nous agacer. Manque de sincérité, calcul, manipulation. Aucune expression US ne trouve grâce aux yeux du Français, qui préférera toujours le tristounet « c'est pas mal… » à l'entraînant *amazing*, ou le déprimant « bof » au contagieux *fantastic*. Sans oublier l'expression « prendre un risque », à laquelle les Américains préfèrent « *Take a chance* », autrement plus encourageante. Saisis ta chance, tout un programme…

Au moment précis où j'écrivais ces lignes paraissaient les résultats du baromètre mondial de l'optimisme, réalisé par Gallup et BVA auprès de 45 000 habitants de 65 pays. Non seulement les Français continuaient à broyer du noir, mais nous qui consommons le plus d'antidépresseurs au monde nous classions au 64e rang de ceux qui ont confiance en l'avenir à quelques encablures des Italiens, bons derniers. Et seuls 43 % des Français se déclaraient heureux ou très heureux, contre 70 % pour l'ensemble des pays étudiés, nous classant sur cet item à la 55e place. Youpi, l'honneur gaulois est sauf, nous serions plus contents de nos vies que les Bulgares, les Grecs et les Irakiens, bons derniers.

Le sondage ne disait pas si ces mêmes Français, régulièrement persuadés que l'année qui s'ouvre sera pire que la précédente, avaient la même perception dramatique de l'évolution de leur situation personnelle. Car c'est bien là une explication possible de ce qui est un miracle français. Autant d'ailleurs qu'une énigme hexagonale. Et une raison d'espérer. Ne croyant plus aux lendemains qui chantent et n'accordant sa confiance à personne ou presque (sauf à lui-même et son premier cercle, et encore), le Français est persuadé que demain sera pire qu'aujourd'hui, mais reste convaincu que lui-même s'en sortira toujours. Comment expliquer autrement que la France ne se soit pas déjà effondrée, prétendument peuplée de déprimés suicidaires ayant perdu toute envie de se battre ?

C'est donc ailleurs qu'il faut chercher l'explication du phénomène. La question me passionne et je ne cesse d'y réfléchir, tant j'ai envie que la France redevienne la France. Pour que nous arrêtions de vouloir zapper chaque nouvelle année avant même de l'avoir vécue, dans ce New York que j'aime tant, j'ai donc repris ma plume, ou plutôt mon clavier, pour rassembler et partager avec vous quelques convictions et leçons que la vie m'a enseignées. J'y ai ajouté des citations dont les auteurs, célèbres ou non, nous invitent à réfléchir et à nous dépasser.

En matière de bien-être, nos actions sont plus importantes que nos pensées. Quelques mois après des échéances électorales capitales pour l'avenir de notre pays, j'aimerais que ce livre apporte sa pierre à la réflexion autant qu'à l'évolution durable de notre comportement. Car si la France de mai 2017 a opté pour l'optimisme plutôt que la peur, rien ne garantit que nous soyons définitivement guéris de nos vieux démons. Faire la chasse aux expressions négatives et avoir un bon mental ne sont qu'une première étape sur le chemin du bonheur. Modifier profondément notre façon d'agir est celle qu'il nous faut franchir aujourd'hui. Car ce que l'on fait importe plus encore que ce l'on dit. Nous sommes d'abord et avant tout ce que nous faisons. Une étape certes plus difficile que la précédente, mais indispensable si nous voulons remplacer le Nigéria sur le podium des nations les plus optimistes dans les prochains sondages Gallup…

« C'est au

CŒUR

de

L'HIVER

que j'ai découvert
que j'avais en moi
un invincible

PRINTEMPS. »

Albert Camus

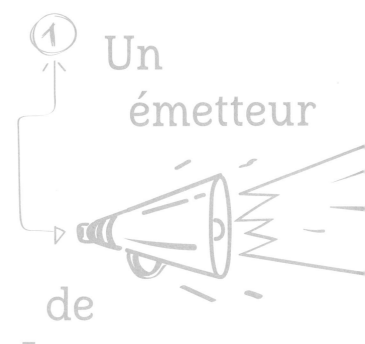

Un émetteur

de
bonnes
nouvelles

tu deviendras

« Il y a, au fond de la France,
une certaine complaisance du nauséabond. »

Christophe Barbier

Résumé ①

- Nous nous infligeons trop souvent à nous-mêmes une vision noire, voire désespérée de notre futur.

- Pourquoi ne parlez-vous jamais de ce qui marche ?

- La peur et le pessimisme font vendre. Le bonheur est rarement spectaculaire !

- Nous devenons incapables de vaincre nos peurs et avons le sentiment de ne plus avoir aucune prise ni aucun pouvoir sur rien.

- Les réseaux sociaux ont transformé chacun de nous en « journaliste » potentiel.

- Cette révolution nous contraint à la vigilance autant qu'à l'honnêteté.

- Construisons une gigantesque *Dream Team* rédactionnelle et interconnectée de l'optimisme.

- Redevenons attentifs à ce qui marche bien.

Un émetteur de bonnes nouvelles tu deviendras

Et si l'on commençait en se demandant pourquoi tant de Français ont aujourd'hui l'impression de vivre une « vie de merde » ? Pourquoi ils préfèrent s'éteindre un peu plus chaque jour et regarder s'éloigner leurs rêves, alors qu'ils pourraient prendre la première sortie direction bonheur sur l'autoroute de leur quotidien. Pourquoi aucun des malheurs qui leur tombent dessus ne leur sert jamais de signal d'alarme, le fameux *wake-up call* des Anglo-Saxons. Pourquoi ils semblent toujours meilleurs dans le rôle de victime que dans celui de combattant.

Au risque de vous choquer, je me demande si notre vie n'est pas ce qu'elle est, tout simplement parce que nous sommes persuadés qu'elle est condamnée à l'être. Peut-être même l'avons-nous décidé. J'ai conscience qu'écrire cela n'est pas politiquement correct, mais je veux tenter de vous en convaincre. À l'image de l'hypocondriaque qui choisit de faire inscrire sur sa tombe l'épitaphe « Je vous l'avais bien dit… », nous avons une fâcheuse tendance à privilégier naturellement les pires scénarios d'avenir plutôt qu'à croire en notre possible bonheur. Complexe judéo-chrétien consistant à considérer la souffrance comme naturelle, volonté d'être puni de je ne sais quel péché, vengeance divine ou simple prédisposition au malheur, je ne sais pas et peu m'importe. Nous nous infligeons trop souvent à nous-mêmes une vision noire, voire désespérée de notre futur.

Comme si les médias ne suffisaient pas à faire le travail à notre place ! Impossible en effet de ne pas s'interroger ici sur leur responsabilité en la matière. Je ferais volontiers le pari qu'un extraterrestre ayant pour seules informations sur notre planète celles relayées par la presse écrite ou audiovisuelle française n'aurait aucune envie de venir y faire un tour, et moins encore de l'envahir pour nous en déloger. Combien de fois m'a-t-on reproché dans le cadre de mes conférences la responsabilité des médias dans le pessimisme français, au prétexte que j'anime chaque week-end depuis quatorze ans sur BFM Business une émission de télé et de radio consacrée aux entrepreneurs ? « Comment voulez-vous que nous ayons le moral, si vous continuez à n'annoncer que des catastrophes du matin au soir ? » « Pourquoi ne parlez-vous jamais de ce qui marche ? » « Pourquoi ne mettez-vous jamais en valeur ceux qui apportent des solutions, et accordez-vous tant d'importance à ceux qui créent les problèmes ? » Autrement dit, pourquoi cette jouissance complaisante face au défaitisme hexagonal, nouvelle idéologie dominante de la patrie des droits de l'homme ?

Combien de fois ai-je tenté de défendre cette respectable profession témoin autant qu'actrice de son époque, en rappelant que la plupart des journalistes se contentent de raconter le monde tel qu'il est, et que ceux qui les critiquent sont les premiers à préférer les Unes promettant du sang et des larmes à leurs lecteurs aux couvertures bisounours ? Quelle audience attirerait un JT annonçant qu'il n'y a eu aucun accident mortel sur les routes françaises ce jour, que tous les trains sont arrivés à l'heure et qu'aucun otage n'a été décapité au Mali ni aucun soldat dans une caserne à côté de chez vous ? Les mauvaises nouvelles sont attendues, les bonnes sont réputées inaudibles. La peur et le pessimisme font vendre, et plus encore lorsque la première fait l'amour avec le second. Le bonheur est rarement spectaculaire, de la même façon que la compétition et la rivalité sont généralement plus excitantes et plus vendeuses que la coopération et l'entraide.

Évitons cependant d'y trouver une justification ou d'y voir une excuse. Certes, les journalistes eux-mêmes évoluent dans un secteur parfois sinistré, et leur moral personnel n'est pas toujours au beau fixe, concurrencés qu'ils sont devenus par les réseaux sociaux et une avalanche d'informations disponibles gratuitement sur Internet. Bien sûr, les médias sont désormais un business comme un autre, soumis aux règles du *marketing* et autre *targeting*. Certes, « l'infotainment » (étrange concentré d'information et de divertissement) dicte aujourd'hui ses règles sur le choix des *actus*, favorisant la confusion des genres en mettant sur un pied d'égalité vrais sujets de société et voyeurisme indécent. Mais cela n'empêche ni l'interrogation ni la remise en cause. Celle des médias bien sûr, mais aussi la nôtre.

La responsabilité des médias, tout d'abord. Le hasard veut que j'ai écrit ces lignes quelques heures après que la France avait subi la pire attaque terroriste de son histoire récente. Dix-sept innocents tombés sous les balles de trois fous voulant venger leur Prophète. Des journalistes et des dessinateurs qui se battaient avec un crayon pour seule arme. Mais aussi des hommes et des femmes innocents, dont le seul tort a été d'avoir croisé le chemin de ces assassins. Alors même que j'ai tenté de me l'interdire, impossible de détourner mon regard de mes écrans pendant les trois longues journées qu'ont duré ces événements. Scotché devant ce mauvais film à la fin si prévisible, que le monde entier a vécu en direct. À l'image du 11 septembre 2001, les images passent en boucle, entrecoupées par les commentaires de journalistes et d'experts en tout genre devenus coscénaristes d'un court-métrage auquel contribuent les djihadistes eux-mêmes. Les uns et les autres n'ont-ils pas été en contact téléphonique direct sur les chaînes info, alors même que ni le GIGN ni le Raid n'avaient encore établi de relation avec les preneurs d'otages ?

Le monde est à l'évidence plus connecté et interdépendant qu'il ne l'a jamais été. Le moindre coup de feu tiré à l'autre bout de la planète parvient sur nos écrans à la vitesse de la lumière. Mais sommes-nous si sûrs d'y vivre moins bien que dans le monde d'avant ? Ou bien la répétition de ces images désastreuses ne fait-elle qu'accentuer cette impression ? Il y a quelques années encore, les meurtres, tempêtes, attentats, tremblements de terre et autres drames n'envahissaient nos vies qu'une à deux fois par jour, à l'écoute des matinales radio et du sacro-saint journal télévisé de vingt heures. La multiplication des chaînes d'information déversant dans nos vies vingt-quatre heures sur vingt-quatre et sept jours sur sept des flots d'images dramatiques a incontestablement renforcé notre perception anxiogène du monde. Dans les halls d'accueil des entreprises, les cafés, nos cuisines et nos salles de bains, les mêmes images nous poursuivent jour et nuit sur nos écrans télé et nos tablettes, rendant aussi difficile qu'héroïque une vision positive des événements ou de la vie. Nous vivons désormais en direct avec les victimes, sur « les lieux du drame » pour reprendre l'expression consacrée.

Une répétition meurtrière qui finit par nous miner, car nous avons le sentiment de ne plus avoir aucune prise ni aucun pouvoir sur rien. Que puis-je en effet contre un avion qui disparaît en mer de Chine ou un autre qui s'écrase au pied des Alpes, un tsunami qui dévaste un pays lointain ou une bombe qui explose dans le métro ou dans un supermarché ? Un sentiment d'impuissance qui alimente notre pessimisme, un événement dramatique chassant l'autre chaque jour sans que l'on ait guère le temps de l'analyser en profondeur ou d'en tirer les enseignements. En alimentant notre cerveau reptilien (responsable des comportements primitifs assurant les besoins fondamentaux) bien davantage que notre cortex cérébral (le siège des fonctions neurologiques équilibrées, telles l'intelligence, la conscience ou la sensibilité), tous ceux qui délivrent de l'info (et notamment l'info non-stop) doivent impérativement

prendre conscience de leur responsabilité croissante envers une société qu'ils influencent
chaque jour davantage. Et s'efforcer de parvenir à de meilleurs équilibres entre les sujets
qu'ils traitent. Car dépourvus de clés pour comprendre, vivant dans l'instant, incapables de
prendre du recul, nous devenons incapables
de vaincre nos peurs. « Il est temps de réfléchir
à la distorsion des drames qu'induit le voyeurisme contemporain, lequel traite un fait divers
comme un événement historique », rappelle
utilement Christophe Barbier dans *L'Express*.

Je suis toujours frappé de constater que les
journaux télévisés du soir sur les principaux
networks à New York commencent systématiquement par le récit d'un viol, d'un meurtre,
d'un incendie, d'un braquage ou d'un acte
violent commis localement dans la journée, et
ce alors que la criminalité n'y a jamais été aussi
basse depuis des années. Sirènes, gyrophares,
policiers et pompiers en action font ainsi
oublier au quotidien que des millions d'événements heureux s'y sont déroulés au cours de ces
mêmes vingt-quatre heures. Des enfants sont
nés, des entreprises ont été créées, des arbres
plantés, des millions de gens se sont aimés ou
entraidés, ils ont ri, bu, cuisiné, dansé, inventé,
chanté, joué, etc. Mais l'impression qui reste est
bien celle de la dégradation constante de notre

environnement. Notez qu'il n'est pas besoin de faire le déplacement outre-Atlantique pour être convaincu que l'Amérique est aux mains de tueurs fous, de violeurs en série ou de braqueurs surarmés. Il suffit pour cela de s'endormir en regardant TF1 en fin de soirée et de suivre les investigations de toutes les polices scientifiques des États-Unis ! La surmédiatisation de la violence, à la télévision comme au cinéma ou dans les jeux vidéo, enlaidit la réalité, fausse notre perception et influence notre jugement.

Quelques jours seulement après les tueries de janvier 2015 dans les bureaux de *Charlie Hebdo* et dans l'enceinte de l'Hyper Cacher de Vincennes, les ventes d'anxiolytiques et de somnifères étaient de 18 % supérieures à la moyenne des six semaines précédentes, et plus encore à proximité du magasin et dans certains quartiers de Paris. Dès le lendemain de ces tragiques événements, SOS Amitié était submergé d'appels angoissés de personnes n'osant plus sortir ou prendre le métro. À l'image de l'explosion en 2011 des ventes françaises d'iode en réaction à la catastrophe de Fukushima (pourtant distante de 9 536 kilomètres !), le besoin de béquilles pour traverser ce type d'épreuves n'étonne ni n'épargne plus personne. Pareils dommages collatéraux surviendraient-ils sans cette overdose médiatique ?

Après celle des médias, venons-en à notre propre responsabilité. De citoyen bien sûr, mais aussi de lecteur, d'auditeur, de spectateur, voire de client intoxiqué aux catastrophes en tout genre. Si nous sommes de plus en plus attentifs à la façon dont nous alimentons notre corps, nous semblons incapables de filtrer la qualité de ce qui alimente notre cerveau. Au point d'en tomber malade, avec notre bienveillante approbation, bizarrement persuadés que cela pourrait nous être profitable. Et si être témoin du malheur des autres nous aidait en effet à relativiser nos propres soucis et à prendre conscience de notre bonheur et de nos privilèges ? De la même façon qu'il suffit de devoir ralentir sur l'autoroute et de découvrir les dégâts provoqués par un accident mortel pour se sentir chanceux, il suffit aujourd'hui d'observer la mélancolie française pour se sentir heureux et se trouver content de son sort. Ma vie n'est peut-être pas géniale, mais au moins suis-je toujours vivant et en bonne santé. Je déteste mon job, mais je mange chaque jour à ma faim. Je ne suis pas riche, mais j'ai une famille formidable. Mon appartement est certes trop petit, mais j'ai la chance d'en être propriétaire. Continuons donc à exiger des médias qu'ils nous abreuvent de sang et de larmes, puisque c'est bon pour notre moral !

Les drames font partie de la vie. Mais oublier qu'elle peut aussi être excitante, colorée, exotique, romantique ou stimulante est un état d'esprit qui se paye cher. En matière économique, les prophéties autoréalisatrices sont une réalité à laquelle nul n'échappe. Quiconque approche sa vie avec la conviction qu'elle a (ou qu'elle aura eu finalement) peu d'intérêt a peu de chances de se tromper quant au résultat final. « Que vous pensiez pouvoir ou pas, dans tous les cas vous aurez finalement eu raison », aimait rappeler Henry Ford. Nos vies pétillent ou se réduisent à la mesure de nos ambitions et de nos rêves.

La vraie bonne nouvelle (et rupture majeure) en ce début de millénaire est qu'Internet a profondément dérégulé le marché de l'information. Les réseaux sociaux ont transformé chacun de nous en « journaliste » potentiel, capable de renverser la vapeur, dans un sens comme dans l'autre. Il semble ainsi que les idées ou les articles que nous partageons sur la Toile soient systématiquement plus positifs que ceux qui font la Une des médias traditionnels. Respect de nos « amis », réels ou virtuels ? Volonté de les préserver de la violence du monde, comme on le ferait pour un enfant ? Instinct de survie ? Fierté consistant à préférer mettre en valeur ce qui se passe bien dans nos vies plutôt que ce qui nous soucie, nous inquiète ou nous menace ? Choix de ne pas apparaître comme un oiseau de malheur auprès de nos proches ? Peu importe. Les faits sont là. Et ils pourraient tout changer, tant nous sommes en train de devenir plus attentifs à la parole de nos pairs qu'à celle des pros de l'info, et donc capables de reprendre le contrôle de la contagion émotionnelle et d'inverser son cours.

Il y a quelques années encore, il aurait fallu des semaines, voire des mois ou des années de mobilisation pour faire descendre dans la rue deux millions de personnes à l'occasion d'événements aussi tragiques que ceux de janvier 2015. Il aura suffi de quelques heures et de trois mots habilement réunis dans la foulée d'un terrible drame pour rassembler une marée humaine affichant à travers la France entière sa détermination face à la haine. « Je suis Charlie » x réseaux sociaux = unité nationale impressionnante bien qu'éphémère, tant elle semble s'être évanouie en quelques jours.

Ce nouveau pouvoir est précieux et va tout changer. Mais il peut également s'avérer dévastateur, comme en atteste le refus de certains lycéens et étudiants de respecter une minute de silence avec leurs camarades après ces mêmes attentats. Explication avancée : avoir lu sur Internet que ces massacres étaient le résultat d'un complot ou d'une manipulation, ou estimer que les victimes méritaient leur sort pour avoir joué avec le feu. La liberté d'expression est illimitée sur la Toile, où se mélangent simples observateurs (blogueurs, citoyens, lobbyistes, publicitaires, experts, etc.) et journalistes professionnels dans un maelström devenu indéchiffrable. Du coup, les contenus qui y sont diffusés ne sont ni filtrés, ni vérifiés, ni hiérarchisés, ouvrant la porte à tous les délires et à toutes les exagérations. Tweets, commentaires, informations, racisme, propagande, manipulation et rumeurs s'y retrouvent sur le même plan, mélangeant faits et opinons, et laissant à chacun de nous le redoutable privilège de décider de ce qui est vrai ou mensonger.

Cette révolution nous contraint à la vigilance autant qu'à l'honnêteté. Nous devons tous apprendre à contrôler nos propos autant qu'à comparer, vérifier et croiser les torrents d'informations qui influencent nos décisions, nos paroles et nos actes. Prendre du recul et faire preuve d'esprit critique aussi souvent que nécessaire. Réapprendre à différencier le signal du bruit avant d'écrire n'importe quoi. Arrêter de relayer les catastrophes auprès de nos collègues autour de la machine à café. Faire l'effort de repérer les choses qui fonctionnent. Redevenir attentif à ce qui marche bien. Nous réveiller ou nous endormir avec la musique qu'on aime ou avec « Rire & Chansons » plutôt qu'avec les seules infos de la nuit. En clair, utiliser le redoutable pouvoir des mots pour devenir une gigantesque *Dream Team* rédactionnelle et interconnectée de l'optimisme. Chacun de nous peut désormais être un puissant émetteur de bonnes nouvelles contagieuses. Une lourde responsabilité, mais surtout une tâche excitante et colossale dont on commence heureusement à comprendre la nécessité et à percevoir l'urgence.

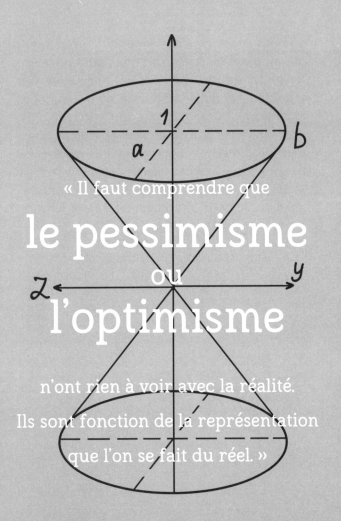

« Il faut comprendre que

le pessimisme

ou

l'optimisme

n'ont rien à voir avec la réalité.
Ils sont fonction de la représentation
que l'on se fait du réel. »

Boris Cyrulnik

« L'une des clés de l'optimisme est la capacité
à orienter notre regard
et à mobiliser notre attention sur ce qui est beau,
positif, sur ce qui fonctionne. »

Thierry Saussez

2

Ta confiance

plus souvent

tu accorderas

« La confiance est notre tranquillisant naturel. »
Boris Cyrulnik

- Un cocon peut devenir une prison.
- Arrêtons de voir l'autre comme une menace !
- La confiance rapporte beaucoup plus que le contrôle.
- Comment construire quoi que ce soit avec des compatriotes dont j'ai mille raisons de me méfier ?
- Pourquoi donner, quand il n'y a jamais réciprocité ?
- Quelque chose ne fonctionne plus dans notre façon de vivre ensemble.
- La France est foutue, mais moi je m'en sortirai toujours !
- Tout commence et tout finit à l'école, cette machine à détruire la confiance et à créer de l'ennui.
- Au lieu d'enseigner l'enthousiasme, elle inculque le doute et l'art de la critique systématique. Au lieu de créer de l'espoir, elle le piétine.
- Le chemin vers la confiance est jonché de petites victoires.

Ta confiance plus souvent tu accorderas

Mille excuses aux lecteurs de « Ne me dites plus jamais bon courage ! », mais je ne peux m'empêcher de vous mettre à nouveau en garde contre des phrases aussi dangereuses que « Fais attention, sois prudent, ne tombe pas, ne prends pas de risque, ne parle jamais aux inconnus ! ». Avant même de partir à la découverte du monde extérieur et alors qu'il n'a encore peur de rien, le jeune Français est prévenu par sa maman. La vie est dangereuse, il convient d'être vigilant et de rester sur ses gardes en toutes circonstances. On n'est jamais trop prudent. N'ayant d'autre choix que d'écouter et d'obéir à ses parents pendant les premières années de sa vie, l'enfant démarre donc sur de bien mauvaises bases. Car un cocon peut devenir une prison.

Et si de telles phrases ou attitudes contribuaient davantage à créer de l'angoisse et à installer la méfiance chez nos bambins plutôt qu'à leur procurer un sentiment de sécurité ? Et si naissait là notre incapacité chronique à faire confiance aux autres, qui est pourtant l'une des conditions majeures du bien-être ? Dans son livre « Heureux comme un Danois », Malene Rydahl assure que le niveau exceptionnel de confiance qui caractérise ses compatriotes explique en grande partie que son pays figure régulièrement en tête des nations les plus satisfaites de leur sort. 78 % des Danois feraient ainsi naturellement confiance à leur entourage, et 84 % à l'État (gouvernement, police, justice, administration). Un record mondial à faire pâlir d'envie les Français, qui sont à peine 20 % à accorder spontanément la leur. À l'en croire, nul besoin de convaincre les Danois de payer des impôts pourtant très lourds, tant ils sont persuadés que personne n'y échappe, que l'effort est justement partagé par tous et qu'ils participent ainsi à un projet commun. Citant le « World Happiness Report » de l'ONU, l'auteur rappelle utilement que « plus les gens se font confiance, plus ils se sentent heureux ». L'inverse s'imposant d'évidence.

Exemples à l'appui, elle nous fait entrevoir une société si différente de la nôtre que l'on peine à croire qu'elle peut exister si près de nos frontières. Inutile de payer du personnel au vestiaire de l'Opéra de Stockholm ! Chacun retrouve ses affaires et ses effets personnels à la fin du spectacle, sans devoir s'en inquiéter à aucun moment ni forcément vider ses poches par précaution avant de s'installer dans la salle. Nul besoin de posséder un reçu ou une facture pour se faire indemniser d'un sinistre par sa compagnie d'assurance ou se faire rembourser un achat, la bonne foi suffisant dans la plupart des cas.

La Finlande pourrait elle aussi nous donner des leçons en matière d'honnêteté. Ma démonstration préférée est celle tentée par le *Reader's Digest*, consistant à laisser traîner dans les rues de seize métropoles mondiales des portefeuilles contenant chacun l'équivalent de cinquante dollars avec différents documents et le nom de leurs propriétaires, et à renouveler plusieurs fois l'expérience dans chaque ville. Sur les douze objets abandonnés à Helsinki, onze furent rendus à leurs propriétaires. Fort heureusement pour l'image de la France, l'expérience ne fut jamais tentée à Paris… Certes, loin d'être scientifique, une telle démonstration doit nous faire réfléchir aux bienfaits d'une société où l'on cesse de toujours voir l'autre comme une menace.

N'oublions pas que l'absence de confiance a un prix, lequel devient rapidement astronomique si l'on n'y prend garde. Combien coûtent en effet à la société française tous les mécanismes destinés à contrôler ceux qui abusent de sa générosité ? Qu'ils émanent de l'État, qui n'a nulle confiance envers le citoyen, l'entrepreneur ou le contribuable (la société dite civile, au sens large), de l'entreprise qui n'en a pas davantage envers le salarié ou le client, ou du maître qui doute de l'élève, tout concourt à multiplier les mécanismes de surveillance et de coercition hors de prix. Lesquels entraîne à leur tour une créativité débridée pour les contourner de la part de ceux qui en sont les cibles. Tout le monde est finalement perdant, et convaincu d'être victime de l'autre ou du système. Une mécanique implacable, qui aboutit inexorablement à une société bloquée, alors même qu'il a souvent été démontré que la confiance rapporte beaucoup plus que le contrôle.

La défiance peut avoir des conséquences plus graves encore sur l'évolution d'un pays ou d'une société. Et particulièrement la nôtre. Tout le monde s'accorde à dire que la France meurt à petit feu, car devenue incapable de se forger un destin collectif réunissant ses habitants au-delà de leurs divergences. Et Dieu sait si elles sont nombreuses… Inutile d'aller en chercher les raisons bien loin : comment construire quoi que soit avec des compatriotes dont j'ai mille raisons de me méfier ? Ce qui me frappe le plus dans les sondages et enquêtes dénonçant le pessimisme hexagonal, c'est le décalage entre le jugement que portent les Français sur l'avenir de leur pays… et la façon plutôt positive dont ils envisagent leur propre évolution. « Bonheur privé, malheur public », comme l'écrit Michel Houellebecq. Le fameux *French paradox* qui fascine à travers le monde. « 80 % des Français se déclarent heureux de leur vie personnelle, tout en estimant que l'avenir au plan national est sombre. On observe une sorte de jeu de rôle où l'opinion publique sublime la sphère de proximité – famille, travail, amis – et déprime la sphère collective, qui devient un exutoire des frustrations », résumait habilement Thierry Saussez, initiateur du Printemps de l'Optimisme, dans une interview au *Figaro Magazine* en novembre 2013.

Survalorisation de la confiance en soi, au détriment de la confiance dans l'autre. En gros, la France est foutue, mais moi je m'en sortirai toujours ! Ce qui est en réalité une excellente nouvelle, car nul doute que si nous nous en sortons tous individuellement, notre pays bénéficiera en fin de compte de l'addition de nos réussites personnelles. Inutile de chercher ailleurs une explication à ce qui semble être un paradoxe, mais qui est surtout le révélateur de la défiance profonde qui nous mine. Le man que d'estime et de respect est un poison lent qui détruit inexorablement l'unité nationale.

L'indifférence et l'égoïsme qui l'accompagnent font le reste. Quelque chose ne fonctionne plus dans notre façon de vivre ensemble.

Comment croire que demain sera plus beau qu'aujourd'hui, quand on accorde aussi peu de crédit au personnel politique qui décide de tout et nous indique les ténèbres plutôt que la lumière ? Comment tolérer des discours sur l'exemplarité émanant de parlementaires qui votent des lois contraignantes tout en affirmant souffrir de « phobie administrative » ? Comment accepter les sacrifices et les hausses d'impôt demandés par des gens que l'on estime corrompus ou champions des conflits d'intérêt ? Comment envisager des lendemains qui chantent, quand on est convaincu que l'autre est systématiquement nul, stupide, menteur, profiteur, paresseux, intéressé, égoïste, ringard, raciste, calculateur, etc. ? Comment être solidaire, quand on a passé l'essentiel de sa scolarité à écouter en silence la parole divine et descendante d'un maître qui vous juge, vous note, vous classe, vous trie et vous apprend à devenir le premier, fût-ce au détriment de vos petits camarades ? Comment accepter des réformes aussi urgentes que douloureuses quand on a le sentiment que ce sont toujours les mêmes qui vont les payer ou en souffrir ? Comment faire des efforts quand on affiche un tel mépris à l'égard de ceux qui ne nous ressemblent pas ou ne pensent pas comme nous, mais avec lesquels nous sommes pourtant contraints de vivre ? Comment se donner à fond dans son job, si l'on est persuadé que seule une minorité de privilégiés en tirera bénéfice ? Pourquoi donner quand il n'y a jamais réciprocité ?

Défiance oblige, personne ne veut plus payer ou se sacrifier pour les autres, exutoire de nos frustrations et de nos peurs, et rechigne à se montrer solidaire de qui que ce soit. Le principal échec du monde politique depuis trente ans est d'avoir été incapable de dépasser les clivages qui fracturent la société en rassemblant une large majorité de Français autour d'une ou de plusieurs grandes ambitions partagées et transformantes. L'absence d'espérance et de dessein collectif dont chacun de nous pourrait devenir acteur est un boulevard pour les oiseaux de malheur qui alimentent les peurs. Le repli sur soi pointe partout le bout de son nez. Avec un risque d'isolement qui réduit chaque jour davantage notre capacité à espérer. Car personne ne peut être heureux seul ou contre les autres. Nous agissons de plus en plus en individu plutôt qu'en citoyen. Après le monde politique, la défiance se propage à la société de proximité, à savoir « les autres » au sens large, à l'exception des proches, le premier cercle, le seul à qui l'on accorde encore sa confiance, mais pour combien de temps ?

Or, la confiance est le fondement de la démocratie. Laquelle est aujourd'hui menacée par la montée des communautarismes, des extrémismes et de l'intolérance, dont le point commun est le rejet, voire la haine de « l'autre » (le riche, l'immigré, le musulman, le juif, le Noir, l'homme politique, le gay, le patron, peu importe, l'essentiel étant qu'il ne me ressemble pas). L'autre, notre ennemi potentiel. Ce terrible sentiment doit être combattu dès le plus jeune âge, afin d'éviter qu'une partie de la jeunesse française ne se sente plus appartenir à son pays et ne se mette à dériver.

Certains affirment qu'il faut commencer à être heureux le plus tôt possible. Et donc que tout commence (ou finit) à l'école ! C'est en effet dans cette machine à détruire la confiance et à créer de l'ennui que naîtrait le malheur français, selon de nombreux observateurs. Il faut dire que les sujets d'inquiétude ne manquent pas et appellent des réponses musclées. Finirons-nous par réagir, quand la jeunesse lycéenne manifeste dans la rue son inquiétude sur le régime de retraite dont elle bénéficiera cinquante ans plus tard, comme elle l'a fait en 2010 en défilant massivement dans les rues de

Paris ? Comprenons-nous le drame consistant pour un adolescent à s'inquiéter de la dernière étape de sa vie, alors qu'il la démarre à peine ? Mesurons-nous l'échec d'une société qui laisse une minorité (même infinitésimale) des plus fragiles ou des plus influençables de ses habitants des quartiers difficiles préférer se former au terrorisme dans des pays violents et lointains pour revenir ensuite la détruire, plutôt que de contribuer à l'améliorer avec ceux aux côtés desquels ils ont grandi ?

Au lieu d'ouvrir les esprits, de développer l'estime de soi, faire émerger les talents et enseigner la solidarité et le partage, l'école française sélectionne, trie, brise, élimine, ne laissant aucune chance aux plus faibles et aux plus fragiles. Au lieu d'enseigner l'enthousiasme, elle inculque le doute et l'art de la critique systématique. Au lieu de créer l'espoir, elle le piétine. Au lieu d'encourager les points forts, elle accentue les faiblesses. À la sortie, la solidarité ne pèse pas bien lourd face au chacun pour soi. De nombreuses études attestent ainsi que les Français au travail ont un niveau de collaboration extrêmement faible avec leurs collègues ou leur management, et un niveau d'autonomie très bas, craignant toujours le retour de bâton en cas d'échec.

Cette même institution doit par ailleurs affronter le séisme que représente la mise à disposition désormais gratuite et permanente de tout le savoir de l'humanité, accessible partout sur un écran portable de quelques centimètres carrés à n'importe quel enfant capable de cliquer sur un lien ou une icône. Elle doit aussi relever le défi posé à de nombreux enseignants dont les élèves *digital native* maîtrisent mieux qu'eux les nouvelles technologies et les nouveaux usages, et donc l'avenir. Elle doit mesurer l'inutilité qu'il y a à faire apprendre quoi que ce soit par cœur, quand tout peut se retrouver en un millième de seconde de n'importe quel bout de la planète par la magie du *cloud computing* et du wifi. Comprendre la priorité qu'il faut donner aux qualités humaines, plutôt qu'aux apprentissages scolaires d'antan.

Elle doit surtout réaliser l'urgence qu'il y a à repenser totalement la mission même d'un enseignant, en privilégiant désormais le savoir-être. Encourager, donner confiance, développer l'intelligence émotionnelle et relationnelle, apprendre à prendre du recul, oser, s'adapter, communiquer, convaincre, réfléchir, hiérarchiser l'information, en faire bon usage, imaginer des solutions collaboratives, vivre ensemble, etc. Voilà la vraie mission de l'école d'aujourd'hui ! La faire évoluer est une priorité absolue, compte tenu des dizaines d'années nécessaires avant de percevoir les effets de toute politique en matière d'éducation.

Que cela n'empêche pas chacun d'entre nous de modifier dès à présent ses mauvaises habitudes quotidiennes. Commençons par avoir confiance en nous-même, et réapprenons à faire confiance aux autres. Comme pour tout sport de haut niveau, allons-y lentement, par étapes, afin de ne pas nous blesser trop vite. En famille, au travail, avec nos amis, choisissons des actes anodins, sans enjeu particulier, avant d'accélérer et de prendre plus de « risques ». Prêter de l'argent à un ami sans lui faire signer de papier ou prévoir un échéancier. Rembourser sans sourciller un client qui a perdu son reçu. Ne pas cacher son smartphone dans le métro de peur qu'on nous l'arrache. Arrêter de croire que la personne qui nous suit ou nous précède à la caisse du supermarché a pour unique projet dans la vie de découvrir le code de notre carte bancaire. Honorer une vieille promesse, que même celui à qui on l'avait faite avait oubliée. Ne pas rester à côté d'un plombier pendant une heure de crainte qu'il ne dérobe quelque chose dans notre cuisine. Embaucher quelqu'un, malgré ses erreurs, ses difficultés passées ou son nom de famille à la consonance exotique. Confier un dossier important à un jeune collaborateur, malgré son manque d'expérience. Laisser la porte de son bureau ouverte de temps en temps.

Passée la surprise, la fierté et la reconnaissance qui se liront sur le visage de ceux à qui nous aurons accordé notre confiance sera notre meilleure récompense. Car eux-mêmes, se sentant valorisés et respectés, se diront « après tout, pourquoi pas moi ? » et baisseront la garde à leur tour. Le chemin du combat contre la défiance est jonché de petites victoires.

« Dès l'instant où vous aurez foi

en vous-même,

vous saurez comment vivre. »

Johann Wolfgang von Goethe

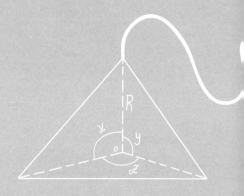

« La confiance est un économiseur d'informations, un réducteur de complexité, un neutralisateur d'incertitude. »

Thierry Saussez

3

Sur ce qui dépend

« Donne-moi la sérénité d'accepter les choses que je ne peux pas changer, le courage de changer celles sur lesquelles j'ai du pouvoir et la sagesse de reconnaître la différence. »

Reinhold Niebuhr

de

T O I

tu te concentreras

- Les désirs à ma portée sont-ils les seuls qui me soient accessibles ? Les grands espoirs sont-ils condamnés à m'épuiser ou à me décourager ?

- Comparaison rime le plus souvent avec frustration.

- Courir après un bonheur inaccessible est aussi inutile que dangereux.

- Où en sommes-nous de nos rêves ?

- Qu'avons-nous fait pour qu'ils se réalisent ?

- Si vous êtes moche, petit et mal foutu, vous êtes moche, petit et mal foutu !

- Ne perdons jamais de vue ce que nous possédons déjà, et dont tant d'autres personnes à travers le monde aimeraient elles aussi profiter.

- Changeons radicalement le regard que nous portons sur le succès ou l'échec.

- Nul ne peut affirmer être capable de tout réussir.

Sur ce qui dépend de toi tu te concentreras

Certains affirment que l'optimisme consiste à accepter la réalité telle qu'elle est, même et surtout quand elle nous déplaît, à savoir identifier ce sur quoi nous pouvons avoir une réelle influence et à exercer ensuite notre génie pour agir en priorité sur ce qui est en notre pouvoir. Sans doute imparfaite, cette définition a au moins le mérite de poser de vraies questions aux multiples enjeux. Peut-on concilier ambition et réalisme ? Comment penser grand, quand on estime ne pas en avoir les moyens ? Pourquoi rêver, si mon rêve est impossible ? Les désirs à ma portée sont-ils les seuls qui me soient accessibles ? Mes plus beaux espoirs sont-ils condamnés à m'épuiser ou à me décourager ?

Quand on sait combien les échecs et les épreuves peuvent affecter le moral de certaines personnes et les tétaniser, on comprend aisément pourquoi trop de gens s'efforcent d'en limiter le nombre et la gravité. Faut-il pour autant réduire nos prétentions, et mener les seuls combats que l'on est certain de pouvoir gagner ? Mais alors, quid de nos utopies ? À l'évidence, le sujet n'est pas simple… et vaut donc la peine d'y consacrer quelques instants.

Prenons les choses dans l'ordre. Le premier secret est d'arrêter de se comparer en permanence à n'importe qui ou à n'importe quoi. Même si ce n'est pas dans ma nature et si je déteste l'écrire, force est de reconnaître que certaines choses sont impossibles. Quelle que soit notre volonté ou notre force de travail. Mais au fond, je suis persuadé que c'est une bonne chose ! Le meilleur exemple est de vouloir vivre la vie des autres. Rien de tel en effet pour être malheureux. Jalouser leur talent, leur beauté, leur style de vie ou leur richesse ne mène nulle part. La raison en est simple. Nous nous comparons rarement avec la moyenne des gens, mais plus généralement avec ceux dont on pense qu'ils sont plus satisfaits, plus chanceux ou plus intelligents que nous ! Vous viendrait-il à l'idée d'évaluer votre rémunération par rapport à celle de vos amis ou collègues gagnant moins bien leur vie que vous, ou étant moins diplômés que vous ? Compareriez-vous votre voiture à celle d'un jeune étudiant sans le sou qui vient de s'acheter une Twingo d'occasion affichant huit cent mille kilomètres au compteur (si tant est qu'un tel véhicule puisse exister…) ? Prendriez-vous comme exemple du job idéal celui d'un mineur en Russie travaillant quarante mètres sous terre dans les années trente ? Comparaison rime le plus souvent avec frustration. Une manie d'autant plus stupide que nous idéalisons la vie de certains de nos modèles ou de nos idoles, mais que nous ignorons tout de la réalité de leur existence, de leurs faiblesses ou de leurs problèmes, faussant totalement notre jugement.

Née en 1959, la poupée Barbie aurait selon Nickolay Lamm causé un tort considérable à des millions de petites filles dans le monde entier, en les traumatisant avec ses longues jambes de top model et sa poitrine opulente. Ce jeune artiste et chercheur américain issu de l'université de Pittsburgh aux États-Unis est en effet persuadé qu'en idéalisant les mensurations ridicules et irréelles de la femme, le créateur de ce *best-seller* mondial influe négativement sur l'estime de soi de fillettes dont aucune ne lui ressemblera jamais, mais qui l'érigent en modèle. Il a donc décidé de créer la « Lammily », une Barbie « normale » aux formes et aux mensurations standards d'une « vraie » jeune femme de dix-neuf ans. Aussi jolie et sexy que l'autre, mais incarnant le message que s'il est fondamental de rêver pour vivre, les plus beaux rêves sont ceux qui sont à la portée de notre imagination, notre force de travail, notre volonté et de notre ténacité.

À quoi sert de comparer nos existences à celles des stars de films hollywoodiens baignant dans le luxe, la volupté et la beauté (des corps, des maisons, des voitures, des piscines, des comptes en banque, etc. ?), si ce n'est à nous rendre prisonniers d'un système de valeurs qui n'est pas forcément le bon ? Pourquoi juger notre réussite à l'aune de critères strictement matériels, quand ils nous donnent forcément l'impression que nos existences sont d'une affligeante médiocrité ? Courir après un bonheur inaccessible est aussi inutile que dangereux, alors qu'éprouver de la gratitude envers la vie ou envers nos proches réduit notre propension à la comparaison et au matérialisme.

Plutôt que de nous mesurer aux autres et de regretter ce qui nous manque, nous ferions mieux de comparer nos vies ou notre situation à ce que nous voudrions qu'elles soient et de nous mettre au travail sans tarder ! En matière de comparaison, la seule personne qui doit compter, c'est soi-même ! Où en sommes-nous de nos rêves ? Qu'avons-nous fait pour qu'ils se réalisent ? Il y a bien sûr des choses que l'on ne peut pas changer. Mais elles sont peu nombreuses, et il y a mille façons d'être heureux malgré elles. Si vous êtes moche, petit et mal foutu, vous êtes moche, petit et mal foutu ! Mais vous pouvez compenser ce handicap par votre charme, votre humour, votre gentillesse, votre énergie ou votre intelligence. Voire les cinq à la fois ! Si vous n'avez pas fait d'études, vous n'avez pas fait d'études. Mais vous pouvez travailler plus dur que les autres pour rattraper votre retard. Si vous êtes né dans une famille modeste, vous êtes né dans une famille modeste. Plutôt que de le traîner comme un boulet toute votre vie et d'en avoir honte auprès de vos amis, soyez-en fier sur le chemin d'une réussite qui sera due aux valeurs que vous auront transmises vos parents et à votre volonté acharnée de vous en sortir.

La seconde astuce est de ne jamais perdre de vue ce que nous possédons déjà. De réaliser ce à quoi nous avons accès au quotidien, et dont tant d'autres personnes à travers le monde aimeraient elles aussi profiter. Il y a un moment où les enfants gâtés que nous sommes tous devenus doivent retrouver le sens de la mesure et de la décence. Ne serait-ce que par rapport à la trop grande partie de l'humanité qui vit encore sans eau potable, sans électricité ni Internet et sans manger à sa faim (à l'heure où nous devons combattre… l'obésité !).

La troisième clé est de changer radicalement le regard que nous portons sur le succès ou l'échec. Le modifier dans une direction ou une autre peut impacter radicalement notre perception, notre jugement et notre mental. Les difficultés sont inévitables, et personne n'a jamais le pouvoir de tout contrôler, ni ne peut prétendre maîtriser sa vie ou son environnement. Nul ne peut davantage affirmer être capable de tout réussir. Le croire est d'ailleurs le plus sûr chemin vers la déprime, l'anxiété et le stress, tant la barre est haute et la chute potentiellement ravageuse pour l'ego ou la confiance en soi. Pour vaincre nos faiblesses, il faut commencer par les reconnaître et les accepter. Sans bien sûr sous-estimer nos forces…

C'est là qu'intervient la différence fondamentale entre un optimiste et un pessimiste. L'optimiste considère qu'il n'y aura jamais assez de problèmes par rapport aux innombrables solutions qu'il se sent capable d'imaginer. Il voit le bonheur comme un état résultant de son travail et de ses efforts, renforçant sa confiance en lui. Le second le juge temporaire, l'attribue au hasard, mais se convainc de sa propre responsabilité quand les choses vont mal, amplifiant ses doutes. Le bonheur est sous contrôle, le malheur nous échappe. La mémoire de l'optimiste excelle à éliminer les mauvais souvenirs de son disque dur, tandis que celle du pessimiste les place en pole position dans son moteur de recherche. Le premier croit au pouvoir de l'action, le second à celui de la perfection qu'il n'atteindra jamais. L'un lit en premier les mauvaises nouvelles dans un journal. L'autre le parcourt à la recherche des rares informations heureuses. Tout dépend de la représentation que l'un et l'autre se font de leur existence et des mots qu'ils emploient quand ils évoquent tel ou tel aspect de leur vie ou de leur personnalité.

Alors, faut-il ou non abandonner nos rêves ? Bien sûr que non, quitte à en changer la nature ou à en redimensionner la taille s'ils nécessitent des ressources auxquelles nous n'aurons jamais accès. Restons néanmoins ambitieux, car un grand rêve réalisé à moitié nous comblera bien mieux qu'un petit rêve pleinement accompli. Que cela ne nous empêche pas de multiplier également les petites victoires plutôt que de renoncer purement et simplement aux envies ou aux projets qui nous dépassent. Chaque succès est bon pour le moral. Jamais le monde n'a offert autant de possibilités d'échange et de partage. Où que l'on tourne le regard, des innovations et des opportunités ne cessent d'apparaître. Le meilleur reste à venir et il nous tend les bras.

« Le bonheur ne dépend pas de ce qui nous manque, mais de la façon
dont nous nous servons de ce que nous avons. »

Albert Schweitzer

« **LE DESTIN**

n'est pas une question

DE CHANCE,

c'est une question

DE CHOIX. »

Jeremy Kitson

De personne

JAMAIS RIEN

tu n'attendras

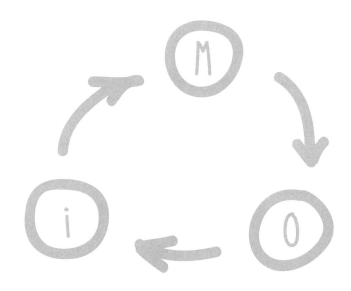

« Le monde ne vous doit rien. Il était là avant vous. »

Robert Jones Burdette

Résumé

— Docteur, mon frère est fou. Il se prend pour un poulet.

— Pourquoi ne le faites-vous pas enfermer ?

— J'aimerais bien, mais j'ai besoin des œufs !

- Se reposer sur autrui est a priori beaucoup moins fatigant que de compter sur soi-même... mais a posteriori beaucoup plus dangereux !

- Tous patrons ! Le développement spectaculaire du travail indépendant, synonyme de liberté, rivalise désormais avec le salariat, synonyme de souffrance.

- « Le monde appartient à ceux qui, aujourd'hui, auront su renoncer à attendre quoi que ce soit de qui que ce soit. »

- Mieux vaut toujours avoir la bonne surprise d'une main tendue que de devoir la solliciter.

- Chacun de nous peut agir... et découvrir sa propre capacité d'entraînement.

- Puisque plus rien n'est prévisible, tout est à inventer.

- Les Français doivent comprendre que personne ne réglera plus leurs problèmes à leur place.

De personne jamais rien tu n'attendras

Tous ceux qui aiment le film culte *Annie Hall* se souviennent probablement de la scène où Woody Allen, alias Alvy Singer, raconte la blague du type qui va chez un psychiatre et lui dit : « Docteur, mon frère est fou. Il se prend pour un poulet. » Réponse naturelle du psy : « Pourquoi ne le faites-vous pas enfermer ? » Et le patient de répondre : « J'aimerais bien, mais j'ai besoin des œufs ! » Derrière l'humour du plus célèbre des New-Yorkais se cache une terrible réalité quotidienne. Nous attendons toujours beaucoup trop des autres, plutôt que de nous appuyer sur nos propres ressources et d'y faire appel. Nul besoin de s'interroger longuement sur les raisons d'un tel choix. Il est confortable et rassurant. Se reposer sur autrui est a priori beaucoup moins fatigant que de compter sur soi-même… mais a posteriori beaucoup plus dangereux ! Car au-delà de menacer notre estime de soi et de nous faire perdre progressivement confiance en nos capacités, il nous met peu à peu dans une situation de dépendance embarrassante dont il devient chaque jour plus difficile de s'échapper.

Or, chacun sait que la dépendance est rarement un état enviable ou souhaitable. Il suffit pour s'en convaincre de taper le mot sur Google ou Wikipédia pour en comprendre le sens. « Addictologie : la dépendance ou addiction est un état où, malgré une conscience plus ou moins aiguë des problèmes liés à une consommation abusive, l'usager n'est plus capable de contrôler sa consommation. Voir aussi jeu pathologique, dépendance sexuelle, dépendance à la pornographie, dépendance à l'Internet, dépendance aux jeux vidéo. Psychologie : une dépendance affective, un besoin général et excessif d'être pris en charge conduisant à un comportement soumis et à une angoisse de séparation ; la dépendance dans le domaine médical, en gérontologie et dans le domaine du handicap concerne la situation des personnes dépendantes d'une aide extérieure pour leur vie quotidienne. Économie : la dépendance économique, le fait de ne pas avoir ou d'avoir peu de revenus. »

Toute dépendance est une addiction dont nous devons apprendre à nous libérer. Les entrepreneurs le savent mieux que quiconque, dont la force est de ne jamais rien demander à personne, et de tout mettre en œuvre pour préserver leur indépendance. L'une des premières motivations d'un créateur n'est-elle pas le rejet de l'autorité ou d'un patron qui a toujours un avis sur tout, mais qui est rarement le même que le sien ? Quand il crée son entreprise, il sait que personne ne l'attend ni ne lui fera de cadeau. Qu'il sera seul au monde pendant des mois, voire des années, avec sa bite et son couteau pour seules armes, souvent contre le monde entier. Un contrôle fiscal, une visite de l'Inspection du travail ou de la Répression des fraudes, un prêt ou un découvert refusé par son banquier, le dépôt de bilan d'un client important, la défection d'un fournisseur, la démission d'un salarié au pire moment de sa jeune histoire, aucun emmerdement ne lui sera épargné. Il le sait, mais rien ne l'arrête. Qui plus est, il lui faudra chaque jour importer de l'angoisse au bureau et exporter de l'enthousiasme en rentrant chez lui le soir pour ne pas inquiéter sa famille dans les moments difficiles. Et pourtant, il est heureux, car il est libre et fier de ce qu'il accomplit tout seul dans l'adversité la plus totale. Il ne demande rien à l'État, si ce n'est qu'on le laisse travailler et créer en toute liberté et dans le respect des hommes et des femmes qu'il s'attache à faire grandir. Interrogé quelques années après s'être lancé sur ses éventuels regrets, il répond le plus souvent : « ne pas avoir sauté le pas plus tôt ». Cherchez l'erreur…

« Donne-moi un poisson, et je mangerai aujourd'hui. Apprends-moi à pêcher, et je mangerai toute ma vie », dit le proverbe. Aucun progrès ni aucune avancée n'est possible sans prise d'initiatives, et donc de risques. À l'image d'un muscle qui s'atrophie quand on arrête de le solliciter ou de le faire travailler, le courage, la volonté et la discipline se réduisent à chaque fois que l'on se fait prendre au piège de l'assistanat ou que l'on remet son sort entre les mains des autres. Entreprendre aguerrit. Surprotéger affaiblit. L'Amérique est certes imparfaite, et son système de santé détestable, mais force est de reconnaître qu'un salarié licencié n'y a d'autre choix que de retrouver rapidement un job s'il veut continuer à héberger et nourrir sa famille, tant les indemnités qu'il perçoit sont faibles et limitées dans le temps.

Fidèle à ses idéaux, la France a fait un choix aussi différent que coûteux : celui du chômage de masse et de longue durée, laissant dériver une partie croissante de sa population vers le désespoir ou l'exil. Plutôt que de valoriser l'effort, le courage, la mobilité et la remise en cause, elle achète depuis des décennies la paix sociale à travers un système d'assurance chômage parmi les plus généreux au monde. Un parachute si douillet que de nombreux Français avouent volontiers en secret qu'ils ne seraient pas mécontents d'en profiter au moins une fois dans leur vie, histoire de faire une pause dans leur carrière et de récupérer une partie des cotisations qu'ils se sont sentis obligés de payer pendant des années. Oubliant au passage que moins on travaille, moins on a envie de s'y remettre. Un système certes amortisseur de crises, car le chômeur français reste un consommateur, mais surtout le meilleur moyen de fabriquer une société bloquée, inégalitaire et à deux vitesses. J'ai conscience de ne pas me faire que des amis en écrivant ces lignes, mais n'est-il pas temps de mettre un terme à un système anachronique en période de déficit abyssal des finances publiques ? Ne vaut-il pas mieux être fier de se prendre en main et sortir de sa zone de confort ou de sa ville natale que de dépendre durablement de Pôle emploi ?

La bonne nouvelle est que les Français sont de plus en plus nombreux à le comprendre, comme en atteste le développement spectaculaire du travail indépendant, désormais synonyme de liberté. Qui aurait parié il y a seulement dix ans sur le fait qu'il rivaliserait un jour en France avec le salariat ? Né pendant la révolution industrielle et n'ayant cessé de voir gonfler ses effectifs, ce rempart anti-précarité jalousement protégé par des syndicats qui en tirent l'essentiel de leurs revenus devient peu à peu synonyme de punition et de souffrance aux yeux d'un nombre croissant de Français. *Burn-out*, stress, harcèlement, pas un jour sans que ces maladies professionnelles ne fassent la Une des gazettes et n'opposent partisans du *statu quo* et amoureux de la liberté d'entreprendre.

Sans compter l'apparition récente du *bore out*, ou épuisement professionnel par l'ennui au travail, qui déprécie l'ego à grande vitesse. Routine, manque de sens, *reporting* inutile, *bullshit jobs*, surqualification, process, tâches ingrates ou insuffisantes et absence de responsabilités mènent aussi sûrement à la dépression que le *burn-out*. Comment être heureux quand on compte les minutes et les heures, en espérant les voir passer plus vite ? Ajoutez-y un sentiment d'inutilité et de culpabilité (comment se plaindre d'avoir un job quand tant de gens rêvent d'en trouver un ?), et vous aurez un cocktail idéal pour favoriser l'avènement d'une armée silencieuse de *self-employed* bien décidés à ne plus jamais dépendre de personne. Tous patrons, s'adonnant à une palette d'activités variées au gré de leurs envies, de leur expertise et de l'évolution de la demande ! Bienvenue dans le nouveau monde du travail libéré !

Parce qu'il l'exprime beaucoup mieux que je ne pourrais le faire, permettez-moi de reprendre ici les propos de Jacques Attali, publiés le 2 avril 2014 sur le site *Slate* et dans *L'Express* à l'occasion d'un changement de gouvernement :

« Ma recommandation à chacun de mes lecteurs est claire : agissez comme si vous n'attendiez rien du politique. Et, en particulier, comme si vous n'attendiez que le pire du nouveau gouvernement. Et pire encore des suivants, quelle qu'en soit la couleur politique. Car plus on tardera à réformer le pays, plus il sera difficile de le faire. Et les majorités à venir disposeront d'encore moins de moyens que l'actuelle, handicapée par l'inaction de ses prédécesseurs.

» Concrètement, cela signifie qu'il convient de ne plus attendre la moindre amélioration des prestations sociales, la moindre baisse des impôts, la moindre création d'emploi public, ou la moindre décision positive d'aucune sorte. Débrouillez-vous, tel est mon conseil. Cela veut dire : au lieu de rester chômeur et d'attendre une offre d'emploi, formez-vous, créez votre entreprise et votre emploi, avec les crédits encore disponibles. Si vous avez un emploi ennuyeux, inventez vous-même une nouvelle façon de faire votre métier, quel qu'il soit, plus amusante et plus créative. Si votre chef vous ennuie, inventez une façon (il y en a mille) de le contourner, de le neutraliser. Si vous êtes chef d'entreprise, n'attendez pas de baisse d'impôt pour investir ou embaucher. Choisissez votre stratégie au regard du monde comme il est. Et si cela passe par votre départ à l'étranger, faites-le, sans remords, pour un temps, sans pour autant céder à l'illusion d'exotiques miroirs aux alouettes. Le monde appartient à ceux qui, aujourd'hui, auront su renoncer à attendre quoi que ce soit de qui que ce soit. De leurs parents. De leurs patrons. De leurs maires. De leurs gouvernants.

» Si, dans cet éloge du réalisme, il vous reste, ce que je souhaite, une once d'altruisme, alors aidez ceux qui vous sont proches à oser aussi. Surtout ceux qui sont trop faibles ou trop démunis pour pouvoir se prendre en charge. Pour cela, créez des solidarités associatives, et prenez vous-même en charge la responsabilité des générations suivantes. Accessoirement, l'agrégation de ces égoïsmes et de ces altruismes privés aura un effet dévastateur et positif sur les politiques, en les poussant à justifier enfin leur raison d'être. Pensez à vous, aux autres. Et osez affronter la salvatrice solitude. »

Tout est dit. Mieux vaut toujours avoir la bonne surprise d'une main tendue que de devoir la solliciter. Penser que l'on nous doit quelque chose nous empêche de faire confiance à nos capacités et d'assumer nos responsabilités. Ne pas obtenir ce que l'on croit nous être dû nous rend très vite insupportable ou invivable. Rien n'est pire que de subir et d'attendre, en se disant que l'on mérite mieux ou que les choses vont s'améliorer demain, quand « quelqu'un » (et notamment « L'État-nounou ») se décidera à nous aider. « Vous aviez tout, paix, liberté, plein emploi. Nous, c'est chômage, violence et sida », reprochaient en janvier 2015 des adolescents aussi résignés que privilégiés (même s'ils ne s'en rendent pas compte) à des artistes établis les invitant en chanson à se bouger plutôt qu'à espérer que la vie leur soit servie en gants blancs sur un plateau. L'incroyable polémique qui a suivi la sortie du clip et du *single* des Enfoirés est un puissant révélateur du risque qu'il y a à trop attendre des autres, à l'heure où Internet et les réseaux sociaux ouvrent le champ des possibles à qui veut bien saisir sa chance et se lancer. Intitulée « Toute la vie », ce texte opposant deux générations a valu à son auteur Jean-Jacques Goldman des attaques grossières !

On peut comprendre que cela suscite le débat. Mais est-il vraiment « réac » et « anti-jeunes » d'inviter la France de demain à prendre son destin en main sans penser qu'elle est forcément sacrifiée ? Je ne le pense pas. Une telle polémique aurait-elle surgi ailleurs que dans notre pays ? Je ne le crois pas, et cela doit nous obliger à réfléchir à la gravité de la situation si nous continuons à dériver lentement sur le chemin d'une société qui surprotège et d'un assistanat qui affaiblit plus qu'il ne rend service.

Tout est possible pour qui a de l'ambition et accepte de l'assumer. Jamais le contexte n'a été aussi favorable pour s'affranchir de nos liens de subordination, en même temps que des règles de la vieille économie ou des croyances anciennes. Accès gratuit à l'audience, financement participatif, *personal branding*, MOOC, quasi-gratuité des communications pour fixes ou mobiles, accès instantané au savoir de l'humanité, soit autant d'atouts à portée de clics pour fabriquer un monde nouveau. Chacun de nous peut agir... et découvrir sa propre capacité d'entraînement. Puisque plus rien n'est prévisible, tout est à inventer. Quitte à passer d'un projet à un autre aussi souvent que nécessaire. L'essentiel est d'en choisir un et de se mettre en mouvement sans rien attendre de quiconque.

Au lieu de chercher les raisons de leur malheur collectif à l'extérieur de leurs frontières où chez je ne sais quel ennemi imaginaire, les

Français doivent comprendre que personne ne réglera plus leurs problèmes à leur place. Censé incarner la vision et l'action, l'ancien président de la République n'était-il pas le premier à se plaindre du fait que « c'est difficile » pour justifier son manque de résultats et nous encourager à ne plus rien attendre d'un État à bout de souffle ? Le comprendre et l'accepter est la condition *sine qua non* de notre renaissance. Place à la responsabilité et à l'initiative !

« Moins notre bonheur est dans la dépendance des autres

$S = 2\pi R$

et

plus il nous est

aisé

d'être heureux. »

Marquise du Châtelet

Des projets

fous

tu imagineras

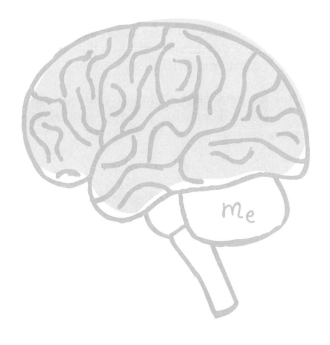

« Donnez à l'homme un pourquoi,
Il s'accomodera du comment. »

Nietzsche

- Monde de merde ou pas, la capacité à rêver et à faire des projets est une machine de guerre anti-morosité.

- Nul ne peut être vraiment heureux dans une éternelle routine ou un perpétuel présent.

- « Rien à foutre, faisons-le ! »

- « Il n'y a aucune raison pour qui que ce soit d'avoir un ordinateur à la maison. »

- Nul besoin d'être milliardaire ou de travailler dans la Silicon Valley pour avoir son propre projet Apollo.

- Quand on agit, les petites voix intérieures qui nous minent et nous tétanisent ne nous parlent plus.

- Seul risque potentiel de tout projet : qu'il nous empêche de vivre intensément l'instant présent.

Des projets fous tu imagineras

« On devient vieux le jour où nos regrets commencent à prendre le pas sur nos rêves », aime rappeler Jacques Séguéla. Habitué aux formules chocs, la star de la pub résume mille fois mieux que je ne pourrais le faire moi-même ce qui est à mes yeux l'une des clés majeures du bonheur. Monde de merde ou pas, la capacité à rêver et à faire des projets (petits ou grands) est une machine de guerre anti-morosité. Quels que soient notre âge, notre condition sociale, nos revenus, nos joies ou nos soucis, une vie sans projets est une vie sans lendemains. L'envie s'éteint peu à peu, le plaisir s'évanouit et la déprime s'installe quand rien ne pointe à l'horizon. Quand notre seule perspective est que le jour d'après ressemble à celui d'hier ou à celui d'aujourd'hui. Quand on sait (ou que l'on pense) qu'aucun événement jouissif n'a de chance de se produire dans nos vies à court, moyen ou long terme. Quand on se condamne à ne plus s'endormir en rêvant à ce voyage lointain que l'on prépare depuis deux ans, à ce livre que l'on s'est promis d'écrire un jour, à ces vacances qui arrivent bientôt, à ces travaux qui vont embellir notre maison, à ce sport que l'on va découvrir ou à cette formation qui va nous aider à vivre enfin de notre passion. Voire tout simplement à cette nouvelle recette que l'on se réjouit de préparer le week-end prochain avec une bonne bouteille que l'on garde depuis longtemps pour régaler nos proches.

Nul ne peut être vraiment heureux dans une éternelle routine ou un perpétuel présent. Nos projets ne nous aident pas simplement à supporter notre existence. Ils la rendent belle, excitante, inattendue, surprenante. Parfois agaçante, décevante ou frustrante bien sûr, mais ils sont la vie. Celle d'aujourd'hui et surtout celle de demain, qui du coup redevient désirable. L'étymologie du mot vient du latin *projicere*, qui signifie « jeter quelque chose vers l'avant ». Quand l'environnement est contraignant et l'avenir incertain, ce qui compte est bien de se lancer, de fixer un cap puis de faire preuve d'audace, cette attitude que l'on décide et qui peut tout changer. Peu importe ensuite le chemin : il peut varier au gré des circonstances, des hauts et des bas de l'économie, de notre propre situation ou de la marche du monde. Mais au moins sommes-nous en mouvement...

Ce qui est vrai au plan personnel l'est aussi au plan collectif. Dès que l'on introduit un

projet dans une équipe usée, elle se redyna-
mise et le plaisir renaît. Le consultant Chris-
tian Lemoine aimait rappeler l'histoire du
programme Apollo, lancé par le président
Kennedy au début des années soixante. Le
plus célèbre des *moonshot projects*, auxquels
il a donné son nom, et que j'aime traduire
par projet fou. Objectif : envoyer un homme
sur la Lune avant la fin de la décennie. Avec
des moyens financiers puissants, mais des ressources techniques dérisoires comparées aux
technologies d'aujourd'hui (il y a infiniment
plus de technologie embarquée dans votre
smartphone qu'il n'y en avait dans la capsule
qui s'est posée sur la Lune le 20 juillet 1969),
Armstrong, Aldrin, Collins et les ingénieurs de
la Nasa ont réalisé une prouesse à la hauteur
du rêve qui les faisait vibrer. Leur projet était
plus fort que toutes les difficultés et les déceptions qu'ils ont inévitablement rencontrées sur
le chemin du succès et de la gloire. Quinze ans
après ce moment d'exception, la magie n'opé-
rait plus. Alors dotée de moyens technique-
ment supérieurs, la Nasa allait de déceptions
en échecs. Elle manquait de réels nouveaux
défis, seuls de nature à surmonter les obstacles
les plus infranchissables.

Il en va de même dans nos vies personnelles,
dans lesquelles nous devons réapprendre à

mettre de l'ambition si nous voulons leur redonner du relief, à l'image des vrais pionniers qui ne s'imposent jamais aucune limite. Et qui sont de plus en plus nombreux à montrer la voie. À l'heure où la plupart des États ont de plus en plus de mal à financer des programmes susceptibles de changer le monde, il est réconfortant de constater que le relais est désormais pris par des entrepreneurs dont l'immense succès planétaire leur permet de se lancer dans des paris de plus en plus insensés. *Google Car* sans chauffeur, iCar électrique d'Apple, ballons gonflables connectant à Internet les zones du monde reculées qui en sont privées, programme Calico s'attaquant au défi de l'âge et des maladies associées en combinant Big Data et nanotechnologies, fusées d'Elon Musk réutilisables un jour entre la Terre et Mars, mégabatteries pour stocker l'énergie, etc., rien n'arrête ces nouveaux explorateurs.

Symbole de ces visionnaires et champion des paris fous, Richard Branson aime rappeler une formule qui fait mouche auprès des entrepreneurs de tous poils : « *Screw it, let's do it !* » (Rien à foutre, faisons-le !). « Si vous pensez avoir une idée qui peut améliorer la vie des gens de façon bien meilleure que ne le font les business existants, alors lancez-vous ! Et si vous ne réussissez pas du premier coup, relevez-vous et essayez encore. »

Cet état d'esprit est indispensable pour qui veut avancer dans un pays qui doute désormais bien plus qu'il ne rêve. À l'image des innombrables pionniers qui ont ouvert la voie de l'innovation, continuons à faire mentir les oracles qui se sont si souvent trompés. Cofondateur de la revue *The Intelligent Optimist*, Jurriaan Kamp s'est amusé à recenser plusieurs affirmations qui en disent long sur notre incapacité chronique à prédire l'avenir.

« Faire voler des machines plus lourdes que l'air est impossible. » Lord Kevin, mathématicien et physicien, en 1895. Transmis à Clément Ader.

« Qui diable voudra entendre les acteurs parler ? » H. M. Warner, cofondateur de Warner Brothers, en 1927. Transmis à Jean Dujardin.

« Il n'y a aucun espoir pour cette idée fantaisiste consistant à atteindre la Lune, compte tenu des barrières insurmontables pour échapper à l'attraction terrestre. » Forest Ray Moulton, astronome, en 1932. Transmis à Neil Armstrong.

« Il n'y a pas la moindre indication que l'énergie nucléaire puisse un jour être obtenue. Cela supposerait de pouvoir briser l'atome à volonté. » Albert Einstein, en 1932. Transmis à Albert Einstein.

« Jamais la télévision ne trouvera un mar ché durable. Les gens se fatigueront très vite de regarder une boîte en contreplaqué tous les soirs. » Darryl F. Zanuck, président de 20th Century-Fox, en 1946. Transmis à TF1.

« Le marché mondial des photocopieurs est au maximum de 5 000 machines. » IBM, en 1959. Transmis à Xerox.

« Il n'y a aucune raison pour qui que ce soit d'avoir un ordinateur à la maison. » Ken Olson, président de Digital Corporation, en 1977. Transmis à Steve Jobs.

Tout est possible, y compris les scénarios les plus improbables, comme le démontre cette liste surprenante. Vous pensez que tout existe et que plus rien ne peut être inventé en matière de nouvelles technologies ? Nul doute que de nouveaux Google, Amazon, Facebook ou Apple apparaîtront pourtant un jour ou l'autre, ringardisant ces géants que sont aujourd'hui les entreprises les plus puissantes de la planète. Venus de nulle part et sans crier gare, ils bouleverseront à nouveau la marche du monde, en en brisant les codes. La question n'est pas de savoir si cela arrivera, mais quand.

Nul besoin toutefois d'être milliardaire ou de travailler dans la Silicon Valley pour avoir son propre projet Apollo. Chacun de nous peut lui aussi rêver à son Concorde (même miniature) et commencer à le construire. Étape par étape. À la mesure de son imagination et de ses moyens. Avec passion et ténacité. Il est temps de refaire des projets fous. Au-delà de l'énergie qu'ils nous donnent, le grand mérite de nos rêves est de nous pousser à l'action pour réussir leur mise en œuvre. Et bizarrement, quand on agit, les petites voix intérieures qui nous minent et nous tétanisent ne nous parlent plus. Ou ne parviennent plus à se faire entendre !

L'honnêteté m'oblige à souligner ici l'unique risque potentiel de tout projet, car il y en a un et le négliger peut s'avérer dangereux : qu'il nous empêche de vivre intensément l'instant présent. Chaque minute. Chaque heure. Chaque jour. Avec gourmandise et intensité. Sans devoir attendre le lendemain ou le surlendemain pour être heureux.

Interrogé par *L'Express*, le philosophe Frédéric Lenoir, qui a « un jour décidé d'être heureux », nous conseille de « tenter de faire ce que tous les sages du monde recommandent : arriver à ne plus dépendre uniquement des circonstances extérieures, de la réussite sociale, de l'argent, des compliments ou des critiques. Essayer d'aimer la vie telle qu'elle se présente, avec ses hauts et ses bas, ses joies et ses tristesses, sa finitude ici-bas. Être heureux, pour moi, signifie aimer la vie. » Et l'auteur de nombreux *best-sellers* d'ajouter : « Tenter d'être attentif à l'instant présent, à chaque petit plaisir, savoir le savourer, être conscient des moments de bonheur – on est souvent heureux sans s'en rendre compte – avoir des pensées positives plutôt que négatives, lâcher prise, vivre le cœur ouvert, tout cela nous aide à trouver un équilibre et une joie au quotidien. Le bonheur se construit ainsi, petit à petit, modestement, avec cette qualité de présence que l'on essaie d'avoir au monde, à soi-même et aux autres. Et cela vaut toujours mieux que de râler sur les autres, la vie ou les circonstances. »

Le secret consiste à trouver le juste équilibre entre un présent à redécouvrir et un avenir prometteur qu'il convient d'imaginer. Avoir l'un sans l'autre ne nous fait vivre qu'à moitié. Quel dommage, dans une vie si courte ! Enrichi du passé, jouissant du présent, inspiré par le futur, tiercé gagnant du bonheur.

« Si vous voulez garder

des souvenirs,

commencez par

les vivre. »

Bob Dylan

« L'imagination

est plus

importante

que le

savoir. »

$V + \boxed{\text{Albert Einstein}} = \pi R^2 H$

6

La
nostalgie

« On a deux vies, et la seconde commence
Le jour où l'on se rend compte qu'on n'en a qu'une. »

Confucius

TU BANNIRAS

Résumé 6

- Aucune utopie ne joue plus le rôle d'usine à rêves.

- La France a cessé de croire au progrès autant qu'à son avenir. La Ville Lumière est devenue la capitale mondiale du mécontentement.

- Rien ne prouve qu'avant était mieux qu'aujourd'hui. La nostalgie est toujours mauvaise conseillère.

- Certes, des métiers vont disparaître. Mais des centaines d'autres vont être inventés.

- Les Luddites de demain fourbissent leurs sabres en oubliant qu'ils vont devoir affronter des drones.

- Nous sommes plus libres et plus émancipés qu'aucune des générations qui nous ont précédés !

- Pour faire du neuf, il faut bannir toute nostalgie inutile et accepter de se priver de tout ou partie de l'ancien.

- Il y a tant de rêves à vivre encore…

6

La nostalgie
tu banniras

Je me souviens de la façon dont l'an 2000 faisait briller dans les années soixante les yeux de l'enfant que j'étais alors. Voitures volantes, colonisation de l'espace, fusées habitées permettant de relier Paris à New York en quelques minutes. L'imagination était au rendez-vous, et rien n'était trop beau pour me donner envie de l'avenir. J'avais hâte d'y être ! Près de vingt ans après cette échéance mythique qui relevait à l'évidence de la science-fiction, et alors même qu'aucune des fabuleuses technologies disponibles d'aujourd'hui n'avaient même été envisagées à l'époque, aucun horizon ni aucune utopie ne joue plus le rôle d'usine à rêves. Ni pour les petits, ni pour les grands !

Pour la première fois de l'Histoire, le progrès technique et scientifique, mythe éternel s'il en est, n'est plus perçu comme une chance, mais comme une menace, au prétexte notamment qu'il détruirait à très grande vitesse les emplois qu'il automatise ou rend obsolètes. S'il nous apporte confort et bien-être matériel, il n'est plus synonyme de bonheur. Il n'est plus vu ni comme une espérance ni comme une solution, mais comme un danger qui suscite une crainte diffuse. Place à la régression ! Alors même que la France en a longtemps été l'étendard (Descartes lui-même ne nous invitait-il pas dans son *Discours de la méthode* en 1637 à nous rendre « maîtres et possesseurs de la nature » ?) et après avoir été le centre du monde au siècle des Lumières, elle a cessé de croire au progrès autant qu'à son avenir, et une partie de sa population se réfugie dans la peur, le ressentiment et l'animosité.

Mauvaise humeur, agressivité, violence, esprit critique, aigreur, ronchonnement, corporatismes, éruption, fatigue et *burn-out* définissent dorénavant mieux l'Hexagone que ses inventions, ses chercheurs ou ses découvertes. C'est ainsi qu'il y aurait eu 7 300 rassemblements, événements et manifestations à Paris pour la seule année 2013, soit une vingtaine par jour. Le nombre de personnes y défilant aurait bondi de 9,5 à 11 millions entre 2012 et 2013. Tristes records. Encore ces chiffres ne sont-ils que ceux de la police… Kurdes, bonnets rouges, anti-mariage pour tous, pigeons, pro et anti-Morsi, Femen, sans-papiers, agriculteurs, retraités, étudiants, métallos de Florange, Droit au logement, chauffeurs de taxis, SOS Racisme et tant d'autres. La Ville

Lumière est devenue la capitale mondiale du mécontentement. Le monde entier vient y crier sa colère et régulièrement y regretter le « bon vieux temps » ou dénoncer l'horreur du temps présent.

« Le fait d'être français réduit de 20 % la probabilité de se déclarer très heureux », affirme Claudia Senik, spécialiste de l'économie du bien-être et de l'économie comportementale. Même expatriés, nos compatriotes emporteraient leur malheur dans leurs valises, se déclarant moins heureux que leurs homologues européens. À tort ou à raison, et pour la première fois depuis des siècles, une majorité de Français sont désormais persuadés que leurs enfants vivront moins bien qu'eux et que leurs chances de réussite sont moindres. Aucune société ni aucun groupe humain ne peut aspirer au bonheur s'il n'entrevoit pas des lendemains qui chantent, ou s'il estime que le meilleur est derrière lui. À quoi bon vivre, si l'on ne s'épanouit que dans un passé que l'on sait révolu ? N'oublions jamais que la dépression guette quiconque passe l'essentiel de son temps à regarder dans le rétroviseur.

« Avant » (c'est-à-dire quand tout allait bien), il faisait froid en hiver et pas trop chaud en été, tout le monde avait un travail salarié, le même pour toute la vie, on pouvait faire l'amour sans mettre de préservatifs, on vivait entre « bons Français », les élèves (ils étaient tous blancs) respectaient leurs professeurs, le monde entier nous admirait et nous enviait, il n'y avait pas de bouchons ni de radars sur toutes les routes, l'air n'était pas pollué par les particules fines, le personnel politique n'était ni corrompu ni incompétent, le permis de conduire n'avait pas de points, on avait de « vrais » amis, on lisait de « vrais » livres qui sentaient bon le « vrai » papier, on restait en famille le dimanche, nos chanteuses gagnaient l'Eurovision, on ne divorçait pas, on regardait tous le même programme à la télé au même moment, on savait rire, on mangeait tous ensemble de bons petits plats faits à la maison, on pouvait boire un pastis sur le zinc en fumant une cigarette, on ne portait pas tous les mêmes vêtements couverts de logos ridicules, les gens n'étaient pas tatoués ou recouverts de *piercing*, on faisait développer nos photos sur du papier mat ou brillant, on payait en francs, etc. Peut-être. Mais c'était avant. C'est terminé, et c'est bien cela qui nous rend malheureux.

Rien ne prouve qu'avant était mieux qu'aujourd'hui. Comment peut-on vivre dans le passé, alors que le présent est si excitant ? Et le futur, plus encore. Plus on regrette ce qui n'est plus, et plus on laisse le passé influencer notre moral. La nostalgie est toujours mauvaise conseillère. Il est temps d'arrêter de nous en nourrir. À l'heure où chacun de nous dégaine sa carte Vitale au moindre bobo, souscrit des assurances à tout-va, peut espérer vivre une retraite heureuse pendant vingt à trente ans et pianote sur son smartphone pour satisfaire le moindre de ses désirs, comment oublier que nos ancêtres ont vécu si longtemps dans la peur ? Que pendant des siècles leur vie était menacée par d'innombrables dangers, ennemis, préda-teurs, tyrans, dictateurs ou barbares. Que le souvenir de l'esclavage hante encore certains de nos contemporains. Que des noms ou des mots d'aussi sinistre mémoire qu'Auschwitz, Staline ou apartheid appartiennent à l'histoire récente et résonnent encore dans l'esprit de nos parents ou grands-parents.

« Qui n'a pas vécu dans les années 1780 n'a pas connu le plaisir de vivre », prétendait Tal-leyrand. Ma conviction profonde est qu'un devoir de mémoire s'impose, au terme duquel nous aurions tous honte de nous plaindre de vivre à notre époque. Malgré les apparences, notre monde est en effet infiniment plus sûr et beaucoup moins violent et cruel que celui de nos ancêtres. Même s'il peut être difficile de le croire ou de s'en convaincre, la tendance sécu-laire est bien à la réduction de la violence. Notre ère serait même la plus paisible dans l'histoire de l'humanité. Ceux qui se sont penchés sur ce décalage entre réalité et perception estiment que le déclin des comportements offensifs s'est accompagné de celui de la tolérance envers la barbarie et les attitudes qui la glorifiaient. Nouvelle illustration du « paradoxe de Tocqueville », qui veut que plus un phénomène désagréable diminue, moins ce qu'il en reste est perçu comme acceptable. Dit autrement, il existerait une insatisfaction paradoxale croissante lorsqu'une situation s'améliore. Ou bien encore : plus on a de raisons de se sentir en sécurité, et plus nous avons tendance à percevoir la nature ou les autres de façon menaçante. Une maladie d'enfant gâté, en quelque sorte.

Autre explication avancée : notre rapport au temps, qui a tendance à faire oublier ce qui est lointain et à exagérer l'importance de ce qui nous est proche. Ce qui est certain, c'est que plus on se barricade à l'intérieur d'une forteresse, et moins on se sent en sécurité, imaginant mille nouveaux dangers. Plus on a de protections, et plus on ressent le besoin d'en construire de nouvelles. Mais on oublie que si l'on est faible, rien ni personne ne nous protégera.

Bien sûr, des menaces comme celles que fait notamment peser sur nous l'État islamique ne hantaient pas encore nos nuits au début des années 70. Certes, le sida n'influençait pas nos relations amoureuses, et les ravages de la drogue n'étaient pas aussi inquiétants et dévastateurs. Le chômage n'était pas au cœur de nos angoisses, et le prix de l'énergie était le moindre de nos soucis. Ceux qui choisissaient de venir vivre en France, par amour ou par obligation, adhéraient rapidement aux valeurs républicaines et voyaient dans la laïcité un rempart contre l'obscurantisme. La liste serait longue de tous les maux qui semblent n'avoir jamais existé à l'époque de ce que nous pensons avoir été des temps paradisiaques. Ils en sont pourtant un miroir déformant, qui pousse un grand nombre de nos contemporains à craindre la période de transition actuelle.

L'histoire est un éternel recommencement, et ceux qui l'oublient finissent toujours par le payer au prix fort. À l'image des Luddites, ces ouvriers anglais du textile qui s'opposèrent violemment au début du XIXe siècle à l'arrivée des premiers métiers à tisser en les détruisant, ceux qui se livrent aujourd'hui aux pronostics les plus sombres concernant la révolution numérique oublient que l'on ne gagne jamais à combattre une immense vague qui se lève. Et qu'il vaut mieux l'observer sous toutes les coutures pour surfer sur elle plutôt que de la laisser nous emporter. De la même façon qu'un conducteur de diligence couché sur les rails n'a jamais empêché le développement du chemin de fer, ceux qui brûlent les véhicules des VTC ou descendront demain dans la rue pour dénoncer l'arrivée de tel ou tel barbare ayant mieux compris qu'eux la révolution en cours ne font que retarder un phénomène que rien n'arrêtera. Car si le citoyen est souvent social quand il vote, le client est plutôt libéral quand il achète, et seuls gagneront ceux qui utiliseront habilement les nouvelles technologies pour inventer de nouvelles offres et nous faciliter la vie. Rien ni personne ne pourra freiner la croissance exponentielle des objets connectés et autres NBPIC (nanotechnologies, biotechnologies, impression 3D, intelligence artificielle, cognitivité) ou limiter l'influence qu'ils vont avoir sur nos vies. Certes, des métiers vont disparaître. Mais des centaines d'autres vont être inventés. La clairvoyance et le courage imposent de le reconnaître et de l'expliquer, pour gérer au mieux la période de transition qui s'ouvre plutôt que se coucher devant les Luddites de demain qui fourbissent leurs sabres en oubliant qu'ils vont devoir affronter des drones.

Notre démocratie est certes imparfaite, mais nous sommes plus libres et plus émancipés qu'aucune des générations qui nous ont précédés ne l'a jamais été, comme le démontre le livre passionnant de Johan Norberg, *NON, ce n'était pas mieux avant*. L'intelligence mesurée par le QI n'a cessé de progresser depuis l'invention du test. Notre alimentation n'a jamais été aussi sûre. Les progrès de la médecine, boostés par les nouvelles technologies, nous permettent de vivre beaucoup plus longtemps et en bien meilleure santé. Ces dernières nous offrent une liberté unique de mener nos vies comme et où nous l'entendons. Trains à grande vitesse et avions nous permettent de parcourir l'Europe et la planète à notre guise dans un confort exceptionnel. Les musées et les bibliothèques du monde entier nous ouvrent leurs portes sans même que nous ayons à nous y rendre physiquement. Les MOOC nous invitent gratuitement dans les universités les plus prestigieuses. La plupart des biens de consommation courante n'ont jamais été aussi facilement accessibles au plus grand nombre, permettant ces dernières années à un milliard d'êtres humains de sortir de l'extrême pauvreté à une vitesse que nous n'avions jamais connue.

Seulement voilà, pour faire du neuf, il faut bannir la nostalgie et accepter de se priver de tout ou partie de l'ancien. Or, le Français déteste Schumpeter, ce brillant économiste autrichien inventeur de la destruction créatrice. Loin de concerner la seule sphère économique, sa théorie s'applique pourtant à chacun d'entre nous. Le reconnaître peut s'avérer douloureux, mais la marche du monde ne nous laisse pas d'autre choix que de l'accepter. En échange de quoi elle nous ouvre les portes d'un futur où tout reste à inventer. C'est dire la chance que nous avons. Alors profitons-en et embrassons l'avenir. Parce qu'il y a tant de rêves à vivre encore…

« La première recette
du bonheur est la suivante :

ÉVITEZ

de méditer trop longtemps sur

LE PASSÉ. »

André Maurois

« Vivement

DEMAIN

que tout soit comme

HIER ! »

Coluche

Le
goût
du risque

tu retrouveras

$$a$$

$$
\begin{array}{l}
a + \\
b + \\
c +
\end{array}
$$

« Si vos rêves ne vous font pas peur,
C'est qu'ils ne sont pas assez grands ! »

Richard Branson

- Peur du danger, de la nouveauté et de l'inconnu, nouvel ADN peu glorieux de la marque France.

- Y a-t-il plus belle ambition que celle de vouloir vivre libre et heureux ?... Et plus dramatique que celle de vouloir éviter tout danger !

- Le principe de précaution, ou comment transformer une bonne intention en désastre...

- Toute découverte scientifique devient susceptible de provoquer une hécatombe.

- Ce qui compte n'est plus tant le risque réel que le risque perçu.

- Les marchands d'apocalypse ont toujours le beau rôle.

- Plus on a de protections, plus on en ressent le besoin.

- Réapprenons le plaisir qu'il y a à plonger dans l'inconnu.

- Remplaçons dans notre Constitution l'obsession sécuritaire par la poursuite du bonheur.

Le goût du risque
tu retrouveras

La France possède le deuxième domaine maritime mondial et l'une des plus belles façades d'Europe, avec plus de onze millions de kilomètres carrés. Un atout que seul l'Amérique nous dispute, une invitation au voyage et un potentiel économique considérable. Comme le rappelle Robin Rivaton dans son livre *La France est prête*, elle a pourtant toujours été un pays résistant à la tentation du départ. Ce serait même la puissance coloniale ayant envoyé le moins d'habitants à l'étranger, en pourcentage de sa population. Une partie du pays semble tourner le dos à la mer et se fermer au monde. Plutôt que de partir à sa conquête, le terrien gaulois réduit son horizon et se replie sur son pré carré. Esprit peu aventureux, manque de curiosité, conviction que rien ne peut égaler nos douces campagnes, nos vins et nos fromages ? Un peu de tout cela, probablement. Mais aussi et surtout la peur du danger, de la nouveauté et de l'inconnu, nouvel ADN peu glorieux de la marque France.

Il est frappant de faire le lien entre la Constitution d'un pays, son histoire et sa culture. On l'oublie parfois, mais les trois droits fondamentaux figurant dans le préambule de la déclaration d'indépendance des États-Unis sont « le droit inaliénable à la vie, à la liberté et à la poursuite du bonheur » (*The Pursuit of Happiness*). Y a-t-il plus belle ambition que celle de vouloir vivre libre et heureux ?

Et plus dramatique que celle de vouloir éviter tout danger ? Faut-il rappeler ici que la patrie des droits de l'homme affiche depuis 2005 dans sa Constitution le funeste principe de précaution, dont on ne dira jamais assez les ravages que ce diktat décourageant a d'ores et déjà commis sur nos mentalités et dont nul n'a encore sérieusement mesuré l'impact réel sur le recul de l'innovation et de l'audace. Ou comment transformer une bonne intention en désastre, dans un pays dont les ancêtres gaulois avaient déjà peur que le ciel leur tombe sur la tête et qui devient peu à peu réfractaire au progrès. Partant du principe que mieux vaut s'abstenir si un risque pour la santé ou l'environnement existe, même infinitésimal et d'une façon incertaine en l'état des connaissances scientifiques, cette idéologie devenue religion et incitation à l'inaction sous la pression des écologistes a transformé chacun de nous en trouillard compulsif. Dans le doute, abstiens-toi ! Ou expatrie-toi vers des terres plus aventureuses. Qu'il est loin, le temps de l'Exposition universelle de Paris en 1900, où le Pavillon des machines affirmait fièrement que « le progrès est la lumière des Nations », à l'heure de la loi Abeille prohibant « l'installation d'un équipement terminal fixe équipé d'un accès sans fil dans les espaces dédiés à l'accueil, au repos et aux activités des enfants de moins de trois ans ».

De la Renaissance à une époque récente, l'homme n'a cessé de remporter de superbes victoires sur une nature par définition arbitraire et hostile, à travers notamment les avancées de la science, de la physique et de la médecine. Les découvertes majeures de la deuxième partie du XXe siècle, au premier rang desquelles l'arme atomique, ont progressivement transformé le progrès en menace létale. D'espérance, il est devenu contrainte subie. Sang contaminé, vache folle, nanotechnologies, hormones de croissance, Mediator, prothèses mammaires, téléphones portables, antennes relais, bornes wifi, grippe H1N1, gaz de schiste, éoliennes, thérapie génique et autres OGM ont achevé de convaincre les Français que la science n'était plus la voie du progrès et qu'il fallait s'en méfier, voire l'interdire. Même les vaccins sont désormais suspects au pays de Louis Pasteur ! De la même façon que le mot réforme, autrefois synonyme d'espoir, sonne désormais comme recul ou abandon, le mot progrès équivaut à régression ou catastrophe. On le craint tant que l'on préfère parler d'innovation. L'obscurantisme est de retour.

Qu'elle concerne l'environnement ou la santé, l'innovation de rupture est perçue comme a priori suspecte aux yeux d'un pays qui ne supporte plus la moindre prise de risques. Toute découverte scientifique devient susceptible de provoquer une hécatombe. Conviction renforcée par le sentiment d'une collusion entre industriels et scientifiques pour gagner un maximum d'argent sur notre dos et notre santé. Même quand il s'agit de lutter contre des fléaux tels que le sida, le cancer, la maladie d'Alzheimer ou de Parkinson, on préfère interdire la recherche. L'exemple des cellules souches embryonnaires en est un puissant révélateur. La « légitime crainte » suffit à stopper net chaque initiative ou à l'encadrer de façon tellement rocambolesque qu'elle finit par mourir d'elle-même sans même que l'on s'en aperçoive.

Perverti et instrumentalisé par des groupes de pression qui multiplient et médiatisent les rapports alarmistes pour exploiter les peurs, le plus petit danger fait immédiatement reculer les plus téméraires. Combattant toute rationalité, ces lobbys relayés par les politiques ont généralement le dernier mot, selon le bon vieux principe qui veut que l'angoisse soit plus audible et plus vendeuse que le bonheur. Les marchands d'apocalypse ont toujours le beau rôle. Défenseurs dogmatiques du risque zéro et partisans de l'expérimentation s'opposent régulièrement, au bénéfice régulier des premiers qui ont beau jeu de surfer sur nos craintes, justifiées ou non. La peur est devenue une vertu qui handicape le futur. Ce qui compte n'est plus tant le risque réel que le risque perçu, relayé sur la Toile et dans l'opinion publique.

Conserver le pouvoir que des générations de scientifiques avaient acquis sur la nature est aujourd'hui menacé par une nation de « cybercondriaques » qui passent leur vie à s'inquiéter pour leur santé et à explorer sur Internet leur moindre petit bobo. Ils en ressortent convaincus de développer mille tumeurs cancéreuses ou maladies mortelles, tant l'information qu'ils parcourent est le plus souvent erronée ou approximative. Cette nouvelle pratique, qui a le don d'horripiler les médecins du monde entier, prend chez nous des proportions inquiétantes car elle intervient dans un pays d'enfants gâtés de plus en plus sceptiques, qui exigent tout et le contraire de tout depuis toujours, mais qui préfèrent désormais reculer ou s'abstenir plutôt que d'entreprendre.

Entendons-nous bien. Prendre en chaque chose les précautions nécessaires est une absolue nécessité qu'il convient de préserver à tout prix. Mais accepter que la surenchère sécuritaire corrompe à ce point notre rapport au risque est une aberration qui nous isole, et les politiques doivent avoir le courage de faire machine arrière. Interdire des solutions sans jamais tenir compte du danger des alternatives ou du coût de notre inaction est une menace qui doit être débattue et combattue, faute de quoi il sera bientôt défendu de rêver. S'il ne doit rester qu'un seul principe, ce doit être celui de l'action plutôt que celui de l'inertie et de la peur. Les risques sont inhérents à la recherche scientifique, voire à toute activité humaine. Mais ne trahissons pas la mémoire de celles et ceux qui en ont pris pour nous depuis des siècles et ont ainsi rendu notre vie infiniment plus supportable. Réapprenons le plaisir qu'il y a à plonger dans l'inconnu, et remplaçons dans notre Constitution l'obsession sécuritaire par la poursuite du bonheur.

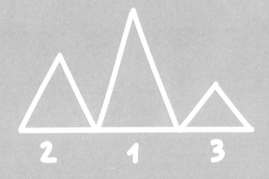

« Être ambitieux,

c'est traduire sa passion en actes.

Pour cela, il faut savoir accepter l'échec. »

Vincent Cespedes

« La seule chose que nous ayons
à craindre est la peur elle-même. »

Franklin Delano Roosevelt

8

Ton pouvoir tu conserveras

« Souciez-vous de ce que les gens pensent de vous,
Et vous serez pour toujours leur prisonnier. »

Lao Tseu

Résumé ⟨8⟩

- Il y a mille et une façons d'abandonner notre pouvoir, qui toutes méritent qu'on y prête attention.

- Nous avons trop souvent tendance à nous abandonner aux autres et à nous sentir plus petits que nous ne le sommes en réalité.

- Pourquoi décider de ne vivre qu'à moitié ?

- Reprendre le pouvoir sur notre vie, c'est arrêter de la subir.

- Le statut d'auto-entrepreneur nous éloigne d'une logique d'appartenance à une structure pour nous conforter dans celle de la responsabilité et de l'initiative.

- On découvre enfin que rien n'est plus agréable que de devenir et de rester le patron de sa vie.

- Être une victime attire certes la sympathie ou la compassion, mais n'oublions pas qu'il s'agit d'une drogue dure.

Ton pouvoir
tu conserveras

Restons si vous le voulez bien sur la poursuite du bonheur (j'adore cet idéal !), dont le
besoin d'autonomie et de liberté, mais aussi
celui du pouvoir me semblent indissociables.
Non pas le pouvoir sur les autres, bien sûr,
mais plutôt sur la façon dont nous contrôlons
nos existences et tentons d'influencer notre
destin. Combien de fois nous arrive-t-il pourtant de nous en priver volontairement et d'en
souffrir ? Moi qui suis aussi gourmand que difficile à satisfaire en matière de nourriture, je
suis toujours fasciné d'observer certaines personnes acceptant sans broncher de déléguer
à la « grande gueule de service » le choix de
ce qu'ils vont manger dans un restaurant au
moment de passer commande. « Garçon, vous
nous mettrez les trois entrées et les trois plats
du jour et on se débrouillera ! »

Par crainte ou par bonne éducation, la plupart des gens préfèrent en pareille circons-
tance se priver de plats qu'ils adorent plutôt
que de contredire celui qui vient de décider

pour eux, persuadé de faire le bien autour de lui.

De la même façon, rien n'agace plus le *frequent traveller* que je suis qu'un avion n'ayant pu trouver une porte d'accueil au terminal et contraignant les passagers à s'agglutiner dans un bus bondé, faute de passerelle disponible. La vision de ces voyageurs mollassons, débarquant de l'appareil un par un et faisant des *selfies* sur le tarmac sans tenir compte du fait que cinquante personnes les attendent pour démarrer a le don de me rendre hystérique. Idem à la caisse d'un hypermarché, quand la personne qui me précède prend un malin plaisir à regarder passer ses achats sans les emballer, ou recherche à la dernière minute au fond de son sac ses bons d'achat, son chéquier ou ses Tickets-Restaurant qu'elle aurait pu préparer avant que la caissière ne commence à scanner ses produits.

Anecdotique ? Caprice de citadin impatient ? Pas si sûr… L'entrepreneur que je suis depuis bientôt trente ans n'a jamais supporté de dépendre de qui que ce soit, et mes choix de vie ont toujours reflété ce besoin viscéral d'indépendance. Quitte parfois à en payer douloureusement le prix fort. J'avoue détester les situations sur lesquelles je n'ai aucun contrôle, et fais donc tout pour les éviter. Sans être un homme de pouvoir, je reconnais volontiers la jouissance que me procure celui que j'ai sur ma vie et les décisions qui la guident.

Il y a mille et une façons d'abandonner notre pouvoir, qui toutes méritent qu'on y prête attention. À un amant, un patron, un enseignant, une religion, un philosophe, un coach, un parent, un enfant, un médecin, un psy, un expert, un policier, une idole, un juge, un avocat, un sportif, un artiste, un auteur, un chef étoilé, etc. Soit autant de personnalités que l'on a tendance à craindre ou à mettre sur un piédestal, au risque de nous sentir de plus en plus petit à leur contact. L'essentiel est pourtant de toujours conserver une estime de soi suffisante pour ne jamais se sentir inférieur à ceux qui pourraient être tentés de prendre l'ascendant sur nous. Par leur savoir, leur argent, leur charisme, leur notoriété, leur puissance, leur titre, que sais-je… Et de réagir dès qu'une menace se fait sentir, en puisant au fond de nous le pouvoir enfoui avec lequel nous sommes nés et qui ne demande qu'à s'exprimer et s'épanouir. Ce génie intérieur que l'on bâillonne trop souvent au lieu de l'appeler à la rescousse en cas de crise.

Nous avons trop souvent tendance à nous abandonner aux autres. « Je n'ai pas confiance en moi, vous m'impressionnez, vous êtes tellement meilleur que moi, je me sens nul auprès de vous… Allez-y, faites de moi ce que vous voulez ! » Terrible erreur… On peut très bien admirer, respecter voire vénérer quelqu'un et réaliser que cette personne ne nous est en rien supérieure. Qu'elle a, elle aussi, ses petits et ses grands défauts dont nous ignorons l'essentiel. Qu'il n'est nul besoin de l'imiter pour exister. Et qu'elle pourrait tant apprendre de nous si elle en avait l'occasion ou si elle se donnait la peine de mieux nous connaître. Nous avons tous tendance à nous sentir plus petits que nous ne le sommes en réalité, préférant ne vivre qu'à moitié. Pourquoi ne pas utiliser l'intégralité de notre potentiel ? Notre cœur, notre cerveau et notre intuition sont des armes nucléaires généralement sous-exploitées, infiniment supérieures aux pires difficultés que la vie nous inflige (à l'exception peut-être des problèmes de santé, et encore).

Dans le magnifique *Truman Show*, Truman Burbank, alias Jim Carrey, incarne l'exemple parfait de l'abandon de pouvoir. Enfermé sous une bulle gigantesque dans un monde où rien n'est vrai, celui qui est convaincu de vivre en homme libre depuis sa naissance est manipulé jour et nuit par un producteur convaincu qu'il n'aura jamais le courage de s'enfuir. Le plus incroyable est que ce dernier aura longtemps raison.

Jusqu'au moment où… Si nous sommes tous des Truman Burbank en puissance, nous pouvons choisir de l'être version début… ou fin du film. Reprendre le pouvoir sur notre vie, c'est arrêter de la subir.

L'une des clés du bien-être est de concentrer notre énergie sur ce que nous pouvons contrôler, et de passer sans états d'âme à autre chose quand cela ne fonctionne pas. L'essentiel est de toujours garder la main et de rester fort, même dans l'adversité. Le psychiatre Viktor Frankl, dont les parents, le frère et l'épouse enceinte ont péri dans les camps de concentration, rappelle dans l'un de ses livres que les nazis y avaient un pouvoir absolu sur les prisonniers. Leur alimentation, leur sommeil, leur santé, leur activité et leur vie. La seule chose qu'ils ne contrôlaient pas était la façon dont leurs victimes réagissaient à ces tortures et trouvaient au fond d'eux les moyens d'y survivre. Nous abandonnons notre pouvoir et devenons vulnérables à chaque fois que nous nous sentons coupables ou rabaissés. Lorsque nous passons notre temps à nous excuser pour tout et n'importe quoi. Quand nous ressassons nos échecs passés ou nos erreurs. Ou quand nous échouons sans nous relever. Nous l'abandonnons de la même façon lorsque nous nous sentons humiliés par un mauvais classement à l'école, une mauvaise note ou une évaluation décevante.

Cela est heureusement en train de changer ! En multipliant les occasions de travail à distance, les nouvelles technologies nous font gagner chaque jour un peu plus de liberté et d'autonomie. En facilitant l'accès à l'entrepreneuriat, le statut d'auto-entrepreneur plébiscité chaque année par des centaines de milliers de Français nous éloigne d'une logique d'appartenance à une structure pour nous conforter dans celle de la responsabilité et de l'initiative. En transformant chacun de nous en relais de croissance potentiel, cette nouvelle forme d'indépendance (qui n'est pas synonyme d'égoïsme) nous redonne la maîtrise de nos vies et celle de notre avenir, condition sine qua non du retour de l'optimisme. On découvre enfin que rien n'est plus agréable que de devenir et de rester le patron de sa vie.

Le principal intérêt de conserver notre pouvoir en toutes circonstances est que cela nous empêche de succomber à la pire des tentations : devenir une victime ou croire qu'on en est une, véritable malédiction devenue spécialité hexagonale. Victime des autres, de la vie, d'une injustice, de notre éducation, du hasard, de la mondialisation, des barbares, qu'importe. L'essentiel est d'expliquer, de justifier ou d'excuser ce qui nous arrive par des raisons toujours indépendantes de notre volonté. « Le meilleur moyen de rater son échec, c'est de l'attribuer aux autres », aime rappeler le philosophe Charles Pépin. Être une victime attire certes la sympathie ou la compassion, mais n'oublions pas qu'il s'agit d'une drogue dure. Dans la difficulté, celui qui garde le contrôle assume, commence par rechercher sa responsabilité, la reconnaît sans accuser la terre entière, règle le problème et passe au problème suivant. La victime, quant à elle, accuse les autres ou le destin. Le premier gagne toujours. Le second perd à chaque fois. Il n'est jamais trop tard pour changer de camp et brûler votre costume de martyr !

« Quand nous haïssons nos ennemis,

nous leur donnons du pouvoir sur nous.

Du pouvoir sur notre sommeil,

notre appétit,

notre santé

et notre bonheur. »

Dale Carnegie

La
bienveillance

toujours
tu incarneras

« L'égoïsme est une prison,
Qui nous sépare du bonheur même qu'il poursuit. »
André Comte-Sponville

- La bienveillance est une affaire de cœur, qui n'a rien à voir avec les moyens financiers dont on dispose.

- La gentillesse est tout, sauf une faiblesse. C'est au contraire la seule force qui permet la réciprocité, en dissipant la peur et la méfiance.

- Altruisme (capacité à aider les autres de façon désintéressée) et empathie (souffrir de la souffrance de l'autre) font partie des émotions les plus puissantes.

- À l'heure de l'ultra-connexion et du narcissisme digital, il est permis de se demander si nous sommes plus proches les uns des autres.

- Le temps que nous consacrons à mettre nos vies en scène ne serait-il pas plus utilement consacré à prendre soin des autres ?

- Et si cette déconnexion progressive du réel était l'une des causes principales de notre pessimisme ?

- Limitons au quotidien l'influence des êtres toxiques qui polluent le nôtre et ont un rapport anxiogène au futur.

9

La bienveillance toujours tu incarneras

Avez-vous remarqué combien les gens disposant de peu de ressources financières se montrent souvent plus généreux que les autres quand ils sont sollicités par une personne démunie dans une rame de métro ou dans la rue ? Alors que la plupart des passagers qui viennent de faire leur *shopping* dans des boutiques luxueuses détournent le regard ou tapent nerveusement sur le clavier de leur smartphone dernière génération à mille euros, ceux qui ont à peine de quoi s'offrir un *Big Mac* plongent la main dans leur poche pour y puiser quelques pièces. La bienveillance est une affaire de cœur, qui n'a rien à voir avec les moyens financiers dont on dispose.

« Aider les autres est la meilleure façon de s'aider soi-même », affirmait récemment Jacques Attali, assurant que « nous avons tous le pouvoir de construire un monde meilleur et que la bienveillance à l'égard de son prochain existe et constitue la meilleure source de bonheur et d'enrichissement personnel ». Jean d'Ormesson ne dit rien d'autre, quand il tente de nous convaincre de nous ouvrir aux autres et de sourire au monde. La gentillesse est tout, sauf une faiblesse. C'est au contraire la seule force qui permet la réciprocité, en dissipant la peur et la méfiance. Elle produit de la bonne humeur et crée du plaisir à être ensemble. Contagieuse, elle se répand comme une traînée de poudre par le simple bienfait que l'on ressent à la pratiquer.

En Afrique du Sud, le mot « ubuntu » résume à lui seul l'héritage de Nelson Mandela. « Nous sommes tous liés les uns aux autres. Il y a une unité dans l'humanité. Nous nous accomplissons en nous offrant aux autres et en prenant soin des gens autour de nous. » Fraternité, hospitalité et dialogue. Trois valeurs gagnantes à l'heure où le communautarisme divise la société française et menace son socle laïque.

Altruisme (capacité à aider les autres de façon désintéressée) et empathie (souffrir de la souffrance de l'autre) font partie des émotions les plus puissantes. À l'heure de l'ultra-connexion vingt-quatre heures sur vingt-quatre et sept jours sur sept et du narcissisme digital, il est permis de se demander si nous sommes plus proches les uns des autres au prétexte que nous vivons rivés à nos multiples écrans et communiquons via les réseaux sociaux. Notre besoin d'être « likés » en permanence ne contribue-t-il pas d'une certaine façon à nous isoler, et à nous éloigner de nos proches ou de nos VRAIS « amis » ? La recherche permanente de l'approbation d'autrui ne nous fait-elle pas perdre peu à peu confiance en nous ? La connexion numérique peut-elle remplacer la conversation et l'attention aux autres qu'elle suppose ? Les sollicitations permanentes que nous subissons ne nous détournent-elles pas de l'essentiel, à savoir notre relation bienveillante aux autres et notre capacité à réfléchir ? La recherche frénétique d'amis virtuels qui alimente en permanence notre nouvelle identité numérique n'est-elle pas devenue la pire façon d'exister ? Notre exhibitionnisme forcené (et le plus souvent ridicule) ne nous fait-il pas perdre de vue ce qui est vraiment important ? Le temps que nous consacrons à mettre nos vies en scène et en images ne serait-il pas plus utilement consacré à prendre soin des autres ? Notre peur panique de l'exclusion numérique ne nous pousse-t-elle pas à meubler nos vies de façon aussi risible qu'égoïste ? L'absence de projets dans nos vies ne nous condamne-t-elle pas à vivre dans un triste présent virtuel, centré sur nos petites personnes ?

Le *selfie*, que les Québécois préfèrent appeler egoportrait, n'est-il pas devenu le triste reflet du repli sur soi et de l'égoïsme ? Plutôt que de regarder le monde, on lui tourne le dos et on s'en sert d'arrière-plan pour se mettre en scène et inonder les réseaux sociaux de son image. Se tenir à l'écart plutôt qu'échanger. Exister sans devoir s'occuper des autres. Préférer le nombrilisme à la rencontre.

Et si cette déconnexion progressive du réel était l'une des causes principales de notre pessimisme ? Et si des applications aussi dangereuses que Gossip, qui « démocratise les ragots de façon totalement anonyme » et encourage les adolescents à créer et colporter les pires rumeurs, contribuaient à fabriquer une société malveillante ? D'innombrables études établissent régulièrement un lien entre comportement altruiste et bien-être, entre santé et longévité. À ma connaissance, aucune n'est encore parvenue à démontrer une quelconque corrélation entre le nombre de fans d'un internaute et son aptitude au bonheur.

Ce qui est en revanche certain, c'est l'influence que peut avoir notre entourage sur notre humeur ou notre perception de la vie. Qu'il soit familial, amical ou professionnel, choisi ou subi, récent ou de longue date, sa qualité nous impacte bien plus que nous ne le réalisons. Chacun de nous est sensible à la façon dont il est vu, observé, évalué. Si nos proches nous jugent formidable, nous le deviendrons. S'ils nous croient capables de grandes réalisations, nous les accomplirons. Mais s'ils nous voient comme un *loser*, le risque est grand qu'ils finissent par avoir raison.

D'où l'importance de tout faire pour limiter au quotidien l'influence des êtres toxiques qui polluent le nôtre, y compris parmi nos proches. Refusons d'entrer dans leur jeu. À défaut de pouvoir les éliminer, sachons les repérer et changeons de trottoir quand nous les croisons. Éliminons de notre carnet d'adresses, réel ou virtuel, tous ceux qui ont un rapport anxiogène au futur. Évitons de nous sentir redevables de quoi que ce soit envers des gens qui ne partagent pas nos valeurs. Arrêtons de voir ceux avec lesquels nous n'avons rien en commun. Ne disons plus oui quand on pense non. Trouvons le courage de ne pas rire poliment à leurs blagues racistes, et de leur expliquer que nous préférons ne plus les voir plutôt que de devoir supporter leurs propos xénophobes. Arrêtons de nous confier à ceux dont nous savons parfaitement qu'ils doutent de tout et de tout le monde. Préférons les « vrais gentils » et les gens au grand cœur à ceux dont le moteur est toujours de gagner contre les autres, quel que soit le prix à payer ou les principes à piétiner pour y parvenir. Écoutons la voix de la raison et du cœur plutôt que celle de la peur et de la lâcheté.

« Le selfie est une  SOLITUDE,

le sympTÔME d'une maladie mondiale,

celle de

L'INDIFFÉRENCE

à l'autre. »

Kamel Daoud

« Regardez ce couple,
assis à la table voisine.
Chacun, sur son écran,
parle au monde entier,

mais, côte à côte,
ils ne se disent plus rien. »

Roger Pol-Droit

CONCLUSION

Résumé

- Les vieilles nations ne meurent jamais. Mais elles peuvent se mettre en mode pause, voire en mode retour.

- Et si le catastrophisme ambiant nous obligeait à tout repenser ?

- Il existe aujourd'hui deux France qu'il nous faut réconcilier au plus vite en restaurant la volonté de réussir ensemble à partir de notre héritage commun.

- Il est indispensable de forger une nouvelle fierté française, car nul ne peut être aimé s'il ne s'aime pas lui-même.

- Les signes avant-coureurs d'une renaissance par le peuple ne cessent de se multiplier.

- L'économie collaborative est en train de modifier en profondeur notre façon de vivre et de travailler.

- Le moment est idéal pour imaginer une nouvelle idéologie rassembleuse, un nouveau grand projet collectif et mobilisateur.

- Il faut que chaque Français puisse à nouveau se dire que « c'est ici que ça se passe ! ».

Conclusion

Le Français est réputé idéaliste. C'est une qualité précieuse qui lui a longtemps été bénéfique et fait sa réputation. Mais point trop n'en faut, car l'idéalisme fige dans un monde en mutation accélérée, comme en témoigne l'île de Cuba dont le développement semble s'être arrêté il y a cinquante ans. Certes, les vieilles nations ne meurent jamais. Mais elles peuvent se mettre en mode pause, voire en mode retour. La France n'en est plus très loin, tant a longtemps grandi chez certains de nos compatriotes la tentation de baisser les bras. Puisque le monde ne va pas dans le même sens que nous, descendons du train et quittons-le ! Triste ambition, heureusement contrariée par nos dernières élections présidentielles et législatives…

Pendant des siècles, les choses ne changeaient pas. Ou très lentement. Chaque jour, chaque année, ressemblait aux précédents.

Ni l'optimisme ni le pessimisme ne figuraient probablement au menu des conversations de nos ancêtres. Puis tout s'est accéléré à partir du XXe siècle, les évolutions de la science, de la médecine et de la technologie autorisant à croire au progrès pour chacun. Demain promettait d'être meilleur qu'aujourd'hui. L'optimisme avait gagné. Pour toujours, croyait-on.

Nul n'est véritablement capable de dire avec précision à quel moment tout a basculé, ni quand la France est devenue un pays récemment encore perçu comme une nation d'angoissés pessimistes trouvant refuge dans la sphère privée. Certains affirment qu'elle ne s'est jamais remise des humiliations liées à la défaite que représente la Seconde Guerre mondiale, malgré les efforts du général de Gaulle pour nous faire croire que nous l'avions gagnée. De l'Occupation à la collaboration en passant par Vichy et un sauvetage par une Amérique qu'il jalouse autant qu'il aime la détester, le coq Gaulois n'aurait jamais été capable de recouvrer sa légendaire fierté. D'autres voient dans la décolonisation et la guerre d'Algérie le début du naufrage du modèle français et le crépuscule de son rayonnement. D'autres enfin attribuent notre plongeon en dépression collective au début des années 70 et au premier choc pétrolier. Cette crise mondiale du prix de l'énergie ayant donné naissance au chômage de masse et mis un terme aux Trente Glorieuses, années de reconstruction, de rattrapage et de croissance heureuse qui nous ont fait croire que la prospérité était un droit acquis pour tous et pour longtemps. Une période qui correspond également au début de la mondialisation, dont il faut rappeler qu'elle n'est pas une « américanisation » du monde, mais plutôt la possibilité nouvelle donnée à n'importe quel habitant de la planète de contribuer à son développement et d'en tirer profit.

Ces explications tiennent la route. Elles sont utiles pour expliquer, analyser ou comprendre, mais suffisent-elles à justifier notre état d'esprit ? La psychanalyste Maria Laetitia-Bonavita apportait dans *Le Figaro* des éléments d'analyse complémentaire. « Le xxe siècle était celui des grandes utopies collectives qui misaient sur la transformation politique et sociétale. Malheureusement, ces espoirs ont engendré des guerres et des régimes totalitaires. L'angoisse de revivre aujourd'hui de tels scénarios a conduit le monde occidental à se méfier des espérances collectives, religieuses ou politiques, faisant une sorte de deuil collectif de son avenir. Notre société rejette ainsi l'Europe, continent où les gens ont, malgré tout, plutôt plus de confort que dans une grande partie du monde. L'avenir ne nous intéresse que sous l'auspice des catastrophes que l'on doit éviter. Or, sans prise de risque minimal, on ne peut espérer. Faute d'espérances collectives, beaucoup de nos contemporains se replient alors sur des espérances limitées à la sphère privée. C'est ainsi que le désir d'enfant est aujourd'hui essentiel à beaucoup d'entre nous comme ouverture vers l'avenir. »

Et si cette peur panique de l'avenir était au fond une excellente nouvelle ? Et si le catastrophisme ambiant nous obligeait à tout repenser et à imaginer enfin de vraies solutions de rupture ? Je suis de ceux qui pensent qu'il n'y a pas de fatalité. Ni ici, ni au-delà de nos frontières. Replaçons-nous à l'échelle de l'Histoire avec un grand H, à l'aune de laquelle soixante-dix années ne pèsent pas lourd. Héritière elle aussi d'une histoire millénaire, la Chine vient de nous démontrer avec brio et en à peine trente ans qu'un pays peut se réinventer en respectant sa culture lorsqu'il se met en marche de façon volontaire, ambitieuse et coordonnée. Longtemps délaissé et affrontant courageusement des défis extraordinaires, le continent africain décolle et affiche des taux de croissance réjouissants, permettant à des centaines de millions de laissés-pour-compte de sortir de l'extrême pauvreté. En quelques décennies, la Corée du Sud est devenue un champion technologique hyperconnecté. Humiliée et blessée par la guerre du Vietnam et le 11 Septembre, l'Amérique n'a cessé jusqu'à l'arrivée de Donald Trump de se réinventer à chaque crise majeure, refusant que de tels drames la terrassent à nouveau. Farouchement résiliente et rebondissant toujours plus vite et plus haut que la vieille Europe, celle dont on annonce régulièrement le déclin (et plus encore aujourd'hui) s'érige désormais en champion ultra-dominant du cybermonde grâce à son impérialisme technologique, alors que le Vieux Continent avait toujours été à l'origine des révolutions technologiques des siècles passés. En juillet 2015, les fameux GAFA (Google, Apple, Facebook et Amazon) pesaient près de 50 % de plus que le CAC 40, alors que pointaient déjà à l'horizon les redoutables NATU (Netflix, Airbnb, Tesla et Uber) et que la « Startup Nation » que nous sommes censés être devenus peinait encore à créer des licornes.

Pourquoi n'y parviendrions-nous pas à notre tour ? Alors qu'une partie des Français semble s'être parfaitement affranchie de tout ce qui dans son histoire ancienne ou récente pourrait la freiner, une autre semble perdue au début de ce XXIe siècle dont elle ne sait pas quoi faire. Cette France-là se sent malade, mais sans vraiment savoir de quoi. Elle ne sait pas où elle va et finit par baisser les bras, convaincue que seule une élite riche et surdiplômée va vivre de mieux en mieux, tandis qu'elle va devoir affronter la disparition massive d'emplois rendus obsolètes par ce qu'il est désormais convenu d'appeler « l'uberisation » de la société pour dénoncer la disruption destructrice. Volontairement ou non, elle choisit le déclin et le chômage, se contentant d'essayer d'en réduire la progression et d'indemniser ses victimes plutôt que d'en venir à bout. Endettement abyssal, déficits chroniques, modèle social intenable, ascenseur social bloqué, Europe en panne, Brexit, montée des extrémismes, menaces sur les retraites, tout lui semble insurmontable. Dorlotée depuis toujours par un État mère poule, n'aimant pas l'argent, synonyme d'injustice sociale, et soucieuse d'égalité qu'elle préfère à la liberté, la France qui tombe n'a ni l'esprit de compétition ni celui d'initiative. Car l'une comme l'autre renforcent les chances des meilleurs, des plus travailleurs et des plus courageux, un « privilège » inacceptable à ses yeux.

Ayant longtemps choisi des élus qui flattent l'opinion plutôt que de la guider et la convaincre, elle assiste impuissante à l'émergence d'un monde complexe dont les valeurs dominantes ne sont plus les siennes, et qui valorise ce qu'elle exècre. Plutôt que d'accepter de changer de modèle, elle s'est contentée pendant des années d'un simple toilettage aussi lâche qu'inefficace, refusant de faire le tri entre ce qui marche encore et ce qui doit être abandonné. Invitée à innover sans cesse ou à mourir, elle rejette la destruction créatrice. Les mots avenir et espoir ne font plus partie de son vocabulaire. Comment s'étonner dans ces conditions que beaucoup choisissent de se recroqueviller et de se mettre aux abris plutôt que de se battre ?

Nous vivons pourtant une période de transition aussi inédite qu'excitante, parce que d'une ampleur et d'une rapidité jamais observées dans l'histoire du monde. Il est urgent d'affronter la vérité, d'affirmer qu'il existe bel et bien aujourd'hui deux France qu'il nous faut réconcilier au plus vite et de restaurer la volonté de réussir ensemble à partir de notre héritage commun. Les « in » ne peuvent plus se désintéresser des « out » qui sont largués et ne contrôlent rien, ni les « out » mépriser ou jalouser les « in », accusés de tout avoir et de refuser le partage. À l'heure où d'innombrables paramètres de notre identité nationale sont remis en cause par la mutation permanente d'un monde devenu village, et alors que les mythes s'effondrent les uns après les autres, il est indispensable de forger une nouvelle fierté française. Car nul ne peut être aimé s'il ne s'aime pas lui-même. De recréer du lien direct entre nous, sans passer par l'État ou les institutions qui ne cessent de nous décevoir. Le psychiatre Christophe André aime rappeler qu'une corde est composée d'innombrables petits brins, individuellement incapables de soulever quoi que ce soit. Mais qui, une fois tissés ensemble, peuvent soulever des montagnes. Nous sommes tous de petits brins au pouvoir immense si nous avançons enfin ensemble dans la même direction.

Trahie par une caste politique trop souvent coupée des réalités du peuple et de l'économie, une partie de la société civile française ne cesse heureusement d'affirmer sa volonté de prendre le pouvoir. Elle est prête à affronter l'avenir. Elle ne veut plus se tenir à l'écart des grands bouleversements en cours et accepte de faire le deuil d'un système à bout de souffle. Talentueuse et enthousiaste, elle ne supporte plus les diktats et la prolifération exponentielle de règles, normes, contraintes et interdits en tous genres. Elle veut être libre de vivre, d'entreprendre, de travailler et de consommer comme elle le souhaite et quand elle le désire. Sans être ni encadrée, ni régulée, ni surtaxée, ni contrôlée, ni surtout prise en charge ou subventionnée par un État à bout de souffle, incapable de montrer l'exemple et de se réformer mais qui décide à notre place de tout ce qui est bon ou mauvais pour nous. Qu'on nous laisse manger du Nutella si ça nous fait du bien ! Laissez-nous respirer ! Stop au paternalisme, à l'infantilisation et au « despotisme démocratique » cher à Tocqueville ! Moutons, pigeons, corbeaux, poussins, abeilles, tondus, plumés, déplumés et autres zèbres se multiplient et entrent en résistance à chaque fois que l'État manifeste par la contrainte son mépris dictatorial à l'égard de telle ou telle catégorie sociale et son incapacité à agir.

La bonne nouvelle est que les signes avant-coureurs d'une renaissance ne cessent de se multiplier. Tant mieux, car le temps presse et nous perdons chaque jour des années de leadership arraché de haute lutte par les générations qui nous ont précédés. Partout se multiplient ainsi les initiatives citoyennes destinées à compenser le manque de courage, d'action et de clairvoyance de nos élus ou à influencer leurs choix. L'exemple du vote de la loi sur le renseignement a été le premier à rappeler combien chacun de nous peut facilement s'inviter dans le débat public. En un rien de temps, les opposants au texte ont créé une base de données répertoriant les positions de chaque député, permettant à des centaines de citoyens d'interpeller le leur sur ses convictions en la matière.

Tout près de nous, l'irruption spontanée de jeunes formations politiques espagnoles ayant triomphé lors des dernières élections municipales montre qu'un sursaut politique et démocratique se prépare activement dans une Europe qui n'a peut-être pas dit son dernier mot et sait parfaitement tirer parti d'Internet et des réseaux sociaux pour fédérer les énergies.

En France, le succès fulgurant du mouvement En Marche, créé *from scratch* par Emmanuel Macron, ne démontre pas seulement les qualités entrepreneuriales du plus jeune président de la Cinquième République. Le fameux « dégagisme » qu'il a provoqué en révoquant sans ménagement plusieurs générations d'hommes et de femmes politiques « historiques » ouvre une page aussi nouvelle qu'inédite de l'histoire de France. L'essai reste bien sûr à transformer, et le chemin reste semé d'embûches, mais l'essentiel est acquis : nous avons démontré au monde que nous comptions rester dans la course et prendre toute notre part aux défis de la planète sans nous recroqueviller tétanisés sur notre pré carré.

L'économie collaborative, nouvel écosystème basé sur l'échange et le partage, est en train de modifier en profondeur notre façon de vivre et de travailler, au point de menacer les formes classiques du salariat, n'en déplaise à ceux qui

gagnent leur vie à le protéger et aux amoureux d'un Code du travail français totalement
inadapté au monde moderne. Elle ne se limi-
tera pas au covoiturage, à la location d'appar-
tements ou au financement participatif, aux
médias ou à l'énergie. Cette tendance lourde
à la désintermédiation va bientôt envahir la
sphère publique et bouleverser la façon de
gérer notre pays. L'uberisation du monde ne
fait que commencer, nous poussant chaque
jour davantage dans les bras d'acteurs propo-
sant des solutions alternatives et des stratégies
de contournement qui s'émancipent des frontières et des lourdeurs inutiles ou dépassées.
La cocréation va permettre aux citoyens de
participer à la rédaction des lois, et favorisera
l'avènement d'une démocratie où chacun aura
vraiment sa voix et trouvera sa place.

Tétanisé par la vague qui se lève, aucun des
« dégagés » n'a semblé en prendre la mesure ni
n'a tenté de nous expliquer comment en profiter
plutôt que d'en être les victimes. À l'exception
d'Emmanuel Macron qui s'y est risqué, aucun
leader narratif n'a émergé pour nous accompagner dans cette mutation d'une ampleur inédite,
lui donner du sens et nous offrir une vision positive de notre futur collectif. Personne ne nous a
expliqué que l'emploi ne va pas disparaître, mais
plutôt changer de nature. Qu'il va falloir créer

de nouvelles infrastructures pour accompagner la révolution numérique, former des armées de programmeurs, d'énergéticiens, d'ingénieurs en nanotechnologie, d'éco-concepteurs, de spécialistes de l'aide à domicile, etc. Que l'argent issu de l'économie collaborative fait tourner la machine économique au même titre que n'importe quel autre revenu, faisant de chacun de nous un producteur potentiel de biens ou de services mais provoquant partout de gigantesques transferts de valeur ajoutée. Que nous ne pouvons pas à la fois adhérer à la révolution collaborative des usages et en rejeter les conséquences sur l'organisation sociale, fiscale, juridique, économique, concurrentielle et politique de notre société. Que les tensions vont inévitablement se multiplier dans tous les secteurs d'activité et qu'il va falloir les gérer en faisant preuve de courage, de justice, de transparence et de lucidité. Qu'un gigantesque effort d'éducation et de formation est indispensable pour entrer de plain-pied dans l'ère de la connaissance et des données. Que l'avènement d'un monde nouveau et postindustriel ne nous arrache pas forcément à notre passé, et que réunir l'un et l'autre est même l'un des traits des civilisations les plus durablement influentes. Que tels sont bien là les vrais défis d'aujourd'hui, et non pas les éternelles querelles clivantes autour de « l'identité nationale » ou du menu des cantines scolaires qui ne font qu'opposer les Français aux Français. Que le moment est idéal pour imaginer une nouvelle idéologie rassembleuse, un nouveau grand projet collectif et mobilisateur. Que nous ferons toujours mieux ensemble que séparément, quelles que soient nos différences, nos religions et nos origines. Que rien n'est plus excitant que d'avoir une vision d'avenir et d'inventer ensemble de nouvelles règles du jeu. Que la révolution ne peut pas être uniquement technologique, et qu'elle doit aussi être celle de l'esprit.

Faute de cet éclairage qu'il convient sans cesse de partager et de défendre et toujours en panne de destin, nous resterons convaincus que la révolution technologique mène au chômage de masse, et serons incapables de prendre à bras-le-corps la révolution du travail indépendant (de plus en plus choisi et non forcément contraint) en cours pour en faire un atout. Le manque de vision à long terme des politiques vient d'être sanctionné. Habitués que nous sommes devenus à tout juger, évaluer et noter par la magie du numérique, l'État et les élites déconnectées auraient pourtant dû s'attendre à ces déconvenues s'ils n'intégraient pas le référendum permanent auquel ils sont désormais soumis.

Mais chacun de nous ne devrait-il pas commencer par prendre le pouvoir sur lui-même ?

Par multiplier les initiatives personnelles pour améliorer son sort sans attendre qu'on lui vienne en aide. Par apprécier ce qu'il possède plutôt que de regretter ce qu'il n'a plus, ou qu'il n'a pas encore. Par savourer les instants de bonheur quotidien que le monde réserve à qui sait les repérer.

Nous portons tous une part de responsabilité dans l'état de la France que nous passons notre temps à dénoncer. Il est urgent de réconcilier avenir et espoir. Cessons d'exporter nos riches en Belgique ou nos brillants cerveaux dans la Silicon Valley pour des allers sans retours. Arrêtons d'avoir raison contre le monde entier. Les blocages doivent disparaître, et les utopies se multiplier. Il faut que chaque Français puisse à nouveau se dire que « c'est ici que ça se passe ! ». Arrêtons d'être effrayés par le jour qui se lève. N'attendons pas fébrilement de nouvelles catastrophes aux conséquences irréversibles pour reprendre notre destin en main. Cherchons en nous-mêmes les ressorts d'une nouvelle jeunesse.

Au terme de ce voyage, je ne suis pas certain de vous avoir convaincu que tout va pour le mieux dans le meilleur des mondes. Je ne le crois pas, et j'en serais bien incapable. Mais j'espère vous avoir fait comprendre que les choses ne vont pas si mal, et surtout qu'il est possible d'être heureux quel que soit le contexte dans lequel on évolue. Il y a mille façons d'aspirer au bonheur. La plus sûre me semble être de parvenir à cumuler la dimension plaisir de la vie et fierté d'avoir un but et de faire chaque jour des choses qui ont du sens. Le plaisir peut être futile, et atteindre un objectif peut s'avérer difficile, mais réussir au quotidien la combinaison des deux contribue assurément à notre bien-être. Oui, il est possible de faire exploser son business, même quand l'économie a des ratés. Oui, on peut vivre heureux dans un pays, même s'il n'est plus l'une des cinq premières puissances mondiales. Oui, on peut rencontrer l'homme ou la femme de sa vie, même dans les endroits les plus improbables. Oui, on peut vivre intensément sans faire partie des cinq cents plus grandes fortunes mondiales. Oui, on peut travailler dur sans jamais être fatigué. Oui, on peut être français sans gémir et se plaindre de tout.

Certaines personnes prennent ce qui leur est donné, et considèrent que c'est leur destin. D'autres prennent ce qui leur est donné, et fabriquent leur destin à partir des ressources qu'ils parviennent à mobiliser. Même s'il m'est difficile de vous le démontrer scientifiquement, je doute qu'un seul bébé au monde puisse être sérieusement qualifié de déprimé ou de pessimiste. Bien que tombant cent fois avant de réussir à marcher, en avez-vous connu un seul qui ait abandonné ?

Alors, faites un cadeau au monde entier ! Débarrassez-vous de vos peurs et de votre vision négative des hommes et du monde. Réapprenez à rêver et à agir plutôt qu'à subir. Modifiez le regard que vous portez sur votre vie. Recommencez à croire en vous. Arrêtez de préférer la souffrance au changement. Redevenez simplement un enfant qui apprend à marcher…

La France regorge de talents, jeunes ou moins jeunes, qui veulent changer le monde ou simplement le rendre un peu meilleur. Il est temps de les mettre en valeur et surtout de les rejoindre. Un miracle hexagonal est encore possible. Nous pouvons tous y contribuer. Alors, soyons au rendez-vous de notre avenir commun.

« Il n'est point de

BONHEUR

sans liberté

ni de liberté

sans

COURAGE. »

Périclès

Pour contacter l'auteur

Par e-mail : philippe@philippebloch.com

Par courrier :
Philippe Bloch
4, avenue Hoche – 75008 Paris – France

Par téléphone : +33 9 50 78 36 32
Par fax : +33 1 48 74 57 02

Sites web :

www.toutvamal.philippebloch.com
www.philippebloch.com

Réseaux sociaux :

 @philbloch

 facebook.com/philippe.bloch.fanpage

 www.pinterest.com/philippebloch

Philippe Bloch
au Livre de Poche

Merci et bravo !   n° 34088

D'innombrables entreprises disparaissent régulièrement, faute d'avoir su placer leurs clients au cœur de leur stratégie et de leur fonctionnement. Vous souhaitez enthousiasmer les vôtres et les fidéliser ? Développer un état d'esprit « service » partagé par tous vos collaborateurs ? Alors, apprenez à devenir un manager hors pair, un boss ambitieux et stimulant ! Entrepreneur et conférencier, Philippe Bloch délivre un message aussi pragmatique qu'humaniste : respectez et aimez vos équipes, et elles adopteront la même attitude vis-à-vis de leurs clients. Il a rassemblé ici 150 conseils pour insuffler motivation, ambition et plaisir à vos collaborateurs... Car n'oublions jamais qu'on ne fait bien que ce que l'on aime !

Ne me dites plus jamais bon courage !   n° 33977

Vous en avez marre d'être rabat-joie, de penser et vivre triste ? Alors, arrêtez de parler triste ! La vie est belle, mais elle est courte. Chaque instant mérite d'être vécu intensément et apprécié à sa juste mesure. C'est possible et il était temps de le rappeler. Découvrez dans ce lexique les douze expressions qui vous pourrissent la vie au quotidien sans même que vous vous en rendiez compte, et apprenez à vous en débarrasser au plus vite. Cela fera du bien à tout le monde. Mais, surtout, cela libérera votre énergie et vous redonnera envie de l'avenir, infiniment plus excitant que vous ne le pensez. Rejoignez le camp des optimistes et des enthousiastes !